REGINE STRONER

# *fruchtige* Drinks

## Lust auf Erfrischung

REGINE STRONER

# *fruchtige*
# Drinks

## Lust auf Erfrischung

FOTOS VON ALEXANDER WALTER

**KOSMOS**

# DRINKS

**UND HIER SEHEN SIE ES GANZ GENAU.**

# DAS IST *wirklich* WICHTIG

**DARAUF KOMMT'S AN!** Hier erläutern wir alles, was zum Gelingen des Rezepts wirklich wichtig ist. Wo es sinnvoll ist, mit Bild, sonst auch ohne.

# LUST AUF ERFRISCHUNG?
## *Drinks für jede Gelegenheit*

GESUNDER GENUSS LIEGT IM TREND – NICHT NUR AUF DEM TELLER, SONDERN AUCH IM GLAS. UND GANZ BESONDERS GEFRAGT IST AUCH HIER SELBSTGEMACHTES AUS DEN BESTEN FRISCHEN ZUTATEN DER SAISON.

Früchte, Gemüse und Kräuter, püriert, passiert oder auch zu Sirup verarbeitet, sind die ideale Basis für köstliche Drinks. Und sie sind zudem eine gesunde Energiequelle, reich an Vitaminen, Mineralien und Ballaststoffen. Ob für cremige Smoothies, leichte erfrischende Limonaden oder Eistees, ob mit Mineralwasser, Eis, Milch oder Joghurt gemixt und vielfältig kombiniert – für jeden Geschmack und jede Gelegenheit finden Sie in diesem Buch das passende Getränk. Und zu jedem gibt es auch eine raffinierte Variante mit Alkohol.

Man findet im Handel zwar ein großes Angebot an fertigen Säften, Limonaden und Smoothies, auch in guter Bio-Qualität, aber selbst gemacht schmeckt's einfach am besten. Dabei kann man auch Früchtesorten verarbeiten und mischen, die es als fertiges Getränk nicht zu kaufen gibt. Und man kann ganz sicher sein, keine künstlichen Aromen, Zusatz- und Konservierungsstoffe im Glas zu haben, und auch die Süße des Drinks lässt sich so individuell bestimmen.

Die Zubereitung der Getränke gelingt ganz einfach und ohne großen Aufwand. Lediglich genügend Zeit zum Abkühlen sollte man bei manchen Drinks mit einplanen. Und was Sie sonst noch wissen müssen, z. B. wie man Basics wie Fruchtmark und Sirup zubereitet, welches Küchenwerkzeug notwendig und nützlich ist, wie man die Drinks mixt, kühlt, garniert und serviert – all das wird auf vielen Extraseiten ausführlich erklärt.

Werden Sie also kreativ, suchen Sie sich für einen Smoothie die Früchte aus, die Ihnen am besten schmecken, brühen Sie Ihre Lieblings-Mischung für einen erfrischenden Eistee auf – und dann: ab ins Glas! Ob Sie Ihre Gäste mit Bowle und Cocktail beim nächsten Gartenfest verwöhnen, bei einem Kindergeburtstag mit feinen Limonaden überraschen oder ob Sie es sich einfach mit einem köstlichen Drink ganz entspannt gemütlich machen – lassen Sie es sich schmecken und genießen Sie die fruchtigen, cremigen und spritzigen Erfrischungen.

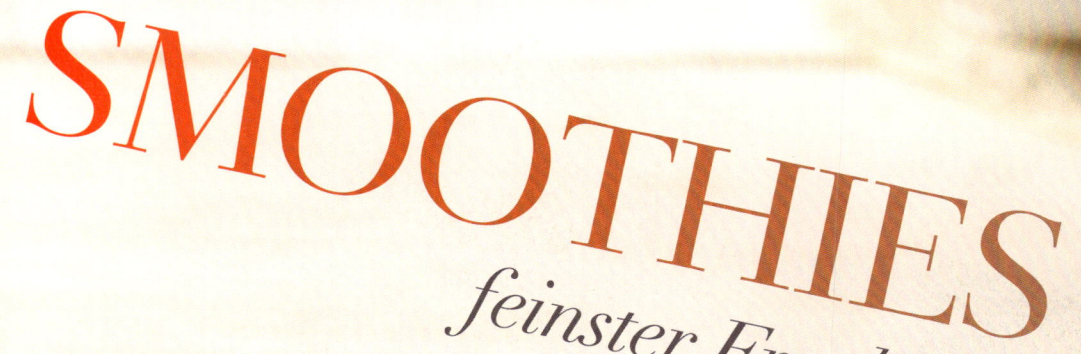

# SMOOTHIES

*feinster Fruchtgenuss*

AUS DEN VERSCHIEDENSTEN SOMMER-
FRÜCHTEN PÜRIERT UND GEMIXT –
DAS ERGIBT GANZ SCHNELL EINEN
KÖSTLICH-CREMIGEN UND GESUNDEN
VITAMIN-KICK FÜR ZWISCHENDURCH.

# DRINKS MIXEN
## *das richtige Werkzeug*

### LEISTUNGSFÄHIGER MIXER

Vor allem für Smoothie- und Milchshake-Fans ein absolutes „Muss". Denn nur ein Mixer mit hoher Drehzahl kann Obst und Gemüse gut zerkleinern und sorgt für eine schöne, schaumige Konsistenz der Drinks. Bei vielen Küchenmaschinen gehört auch ein Mixaufsatz zum Zubehör. Praktisch ist ein Mixer-Deckel mit kleiner, separat verschließbarer Öffnung, durch die auch bei laufendem Gerät Flüssigkeit nachgegossen werden kann.

Beim Mixen darauf achten, dass der Mixer nicht zu hoch befüllt wird, sonst kann es leicht passieren, dass trotz fest schließendem Deckel etwas überläuft. Immer auf kleinster Stufe zu mixen beginnen und erst dann, wenn sich feste und flüssige Bestandteile vermischt haben, auf höhere Stufen umschalten. So wird verhindert, dass Flüssigkeit überläuft. Und falls der Drink zu sämig ist, nach und nach noch etwas Flüssigkeit dazugeben (je nach Rezept Mineralwasser, Saft oder Eiswürfel).

Smoothies am besten portionsweise zubereiten, so erhält man das beste Ergebnis. Da so der Mixvorgang nicht zu lange dauert, wird verhindert, dass sich die Zutaten dabei erwärmen.

### PÜRIERSTAB

Er kann den Mixer fast ersetzen. Er sollte ebenfalls mit hoher Drehzahl arbeiten, dann sind auch Eiswürfel beim Mixen kein Problem. Bei vielen Geräten gehört ein Mixbecher (mit einem größeren Messer) zur Ausstattung. Darin lassen sich auch Smoothies gut zubereiten.

### ENTSAFTER

Mit diesem Spezialgerät lässt sich ganz schnell Saft aus frischen Früchten pressen und auch feste Obst- oder Gemüsesorten kann man damit problemlos verarbeiten. Allerdings lohnt sich die Anschaffung nur, wenn man häufig frische Säfte presst.

### SIEBE UND TEIGSCHABER

Ein Teesieb und ein größeres Mehlsieb sollten vorhanden sein. Zum Absieben von klarem Saft oder Fruchtsirup ist ein Spitzsieb praktisch, mit einem entsprechend hohen Becher, damit sich die Flüssigkeit sammeln kann, ohne das Sieb zu berühren.

Vor allem bei Smoothies und Shakes mit cremiger Konsistenz bleibt beim Ausgießen einiges im Mixer oder Becher zurück. Diese Reste lassen sich mit einem Teigschaber, am besten mit kleinen flexiblen Schabern aus Silikon, gut entfernen.

## DAS IST *wirklich* WICHTIG

[a] **DIE APRIKOSEN** nach dem Aufkochen in ein Sieb schütten und unter fließend kaltem Wasser abschrecken, bis sie abgekühlt sind. Oder mit einem Schaumlöffel herausheben und zum Abkühlen in eine Schüssel mit reichlich Eiswasser legen.

[b] **DIE FRÜCHTE** mit einem kleinen scharfen Messer leicht anritzen. Die Haut lässt sich jetzt ganz leicht abziehen.

[b]

# APRIKOSEN-SMOOTHIE
## *mit Bananen*

DIE APRIKOSEN SOLLTEN UNBEDINGT REIF UND SAFTIG SEIN. VIELLEICHT LÄSST IHR OBSTHÄNDLER SIE VOR DEM KAUF JA EINE PROBIEREN.

**Für 2 Gläser à 300 ml**

750 g reife Aprikosen

2 Bananen

¼ l Mineralwasser ohne Kohlensäure

etwas Zitronensaft

**Zeitbedarf**
- 20 Minuten

**So geht's**

1. Die Aprikosen in kochendes Wasser geben und einmal aufwallen lassen. Herausnehmen und sofort mit eiskaltem Wasser abschrecken [→a].

2. Die Haut abziehen [→b] und die Früchte halbieren, den Kern entfernen. Die Aprikosen grob zerkleinern. Die Bananen schälen und in fingerdicke Scheiben schneiden.

3. Das Aprikosen- und Bananenfruchtfleisch am besten in 2–3 Portionen zusammen mit dem Mineralwasser im Mixer oder mit dem Pürierstab mixen. Zum Schluss alles in einem großen Gefäß vermischen und nach Belieben mit etwas Zitronensaft abschmecken. In Gläser füllen und sofort servieren.

**Die Variante**

**Frozen Smoothie**
Den Aprikosen-Smoothie wie im Rezept beschrieben zubereiten. Zum Schluss 4 Eiswürfel und 2 Kugeln Vanilleeis mit in den Mixer geben und alles noch mal gut durchmixen. Den schaumig-cremigen Drink in große Gläser füllen und gleich mit extradicken Strohhalmen servieren. Nach Belieben noch mit Aprikosenspalten garnieren.

**SO SCHMECKT'S AUCH** Wenn Ihnen das Schälen der Aprikosen zu mühsam ist: Ganz reife Früchte lassen sich auch mit Haut pürieren. Der Smoothie wird dann zwar nicht ganz so cremig, schmeckt aber genauso gut!

13

# ERDBEER-SMOOTHIE
## *mit Banane*

EINFACHER GEHT'S NICHT: FRISCHE ERDBEEREN WERDEN MIT BANANEN FEIN PÜRIERT. LÄSST SICH PUR ODER IN EINEM MILCHSHAKE GENIESSEN!

### Zutaten für 2 Gläser à 250 ml

300 g Erdbeeren

1 reife Banane
(ca.150 g Fruchtfleisch)

etwas Zitronensaft

6–8 Eiswürfel oder
100 ml Mineralwasser ohne
Kohlensäure

### Zeitbedarf
▪ 15 Minuten

### So geht's

1. Die Erdbeeren waschen, auf Küchenpapier auslegen und abtropfen lassen. Den Stielansatz entfernen, die Früchte je nach Größe vierteln oder achteln.

2. Die Banane schälen und in fingerdicke Scheiben schneiden. Mit Zitronensaft beträufeln, damit sich das Fruchtfleisch nicht braun verfärbt. Unter die Erdbeeren mischen.

3. Die vorbereiteten Früchte portionsweise im Mixer ganz fein pürieren, dabei die Eiswürfel oder das Mineralwasser mitmixen. Durch die Eiswürfel wird der Smoothie besonders cremig. Die einzelnen Portionen in einem Gefäß verrühren, eventuell noch mit etwas Mineralwasser verdünnen. In Gläser füllen und sofort servieren.

**FÜR ERDBEER-SECCO** Sektgläser bis zu einem Drittel mit gut gekühltem Smoothie füllen, langsam (Vorsicht: schäumt!) mit eiskaltem Prosecco aufgießen. Mit wenig grob gestoßenem schwarzem Pfeffer und 1 Basilikumblatt garnieren. Die Smoothie-Menge reicht mit 1 Flasche Prosecco für ca. 10 Cocktails.

# HEIDELBEER-SMOOTHIE
## *mit Feigen*

DIE SAISON FÜR DIE WOHLSCHMECKENDEN BEEREN IST KURZ! NUTZEN SIE
DIE ZEIT UND GENIESSEN SIE MAL DIESEN SCHNELLEN DRINK.

### Für 2 Gläser à 250 ml

3 reife Birnen

etwas Zitronensaft

4 reife blaue Feigen

200 g Heidelbeeren

100–150 ml Mineralwasser ohne Kohlensäure

1 gute Prise Zimt

### Zeitbedarf
- 20 Minuten

### So geht's

1. Die Birnen schälen, vierteln und das Kerngehäuse herausschneiden. Das Fruchtfleisch grob zerkleinern und mit etwas Zitronensaft beträufeln, damit es sich nicht braun verfärbt.

2. Die Feigen mit einem Küchentuch abreiben, nur wenn unbedingt nötig waschen. Blüten- und Stielansatz wegschneiden, die Früchte vierteln. Die Heidelbeeren verlesen.

3. Alle Früchte zusammen im Mixer oder mit dem Pürierstab mit der Hälfte des Wassers ganz fein pürieren. So viel Mineralwasser zufügen, bis der Smoothie die gewünschte Konsistenz hat. Mit gemahlenem Zimt abschmecken. In Gläser füllen und sofort servieren.

### Die Variante

**Heidelbeer-Drink**
Den Smoothie wie im Rezept beschrieben zubereiten. Zum Schluss ½ l gut gekühlten Bananensaft untermixen. 8 cl weißen Rum einrühren. Je 2 EL zerkleinerte Eiswürfel (Crushed Ice) in Longdrinkgläser füllen, mit dem Fruchtmix auffüllen. Die Menge reicht für 5–6 Drinks. Nach Belieben mit einem Stück Feige garnieren und sofort servieren.

**SO SCHMECKT'S AUCH** Ganz frisch schmeckt der Smoothie am besten. Er hält sich aber auch über Nacht im Kühlschrank und mit Joghurt oder Dickmilch und etwas Honig vermischt wird daraus ein sättigender Frühstücksdrink.

## DAS IST *wirklich* WICHTIG

[a] PASSIEREN So lässt sich das gallertartige Fruchtfleisch der Maracuja am besten von den Kernen lösen: einfach einen Suppenlöffel kreisförmig im Sieb bewegen, damit der Saft ablaufen kann.

# MANGO-SMOOTHIE
## *mit Maracuja*

DIE MANGO BRINGT DIE CREMIGE KONSISTENZ, DIE MARACUJA MIT IHRER FEINEN SÄURE SORGT FÜR DIE NÖTIGE FRISCHE DES DRINKS.

## Für 2 Gläser à 250 ml

1 große reife Mango (ca. 700 g, möglichst faserfrei)

4 Maracuja

1 – 2 EL Limettensaft

6 – 8 Eiswürfel oder 100 ml Mineralwasser ohne Kohlensäure

4 Physalis

## Zeitbedarf
▪ 20 Minuten

## So geht's

1. Die Mango halbieren, das Fruchtfleisch mit einem sehr scharfen Messer von Schale und Kern lösen und würfeln. Einige schöne Würfel für die Garnitur beiseitelegen.

2. Die Maracuja halbieren, das Fruchtfleisch herausschaben und in ein Sieb geben. Passieren und den Saft auffangen. [→a]

3. Mangostücke, Maracuja- und Limettensaft im Mixer oder mit dem Pürierstab ganz fein pürieren, dabei nach und nach die Eiswürfel oder das Mineralwasser zugeben und mitmixen.

4. Die Physalis an der Spitze öffnen und die Beere freilegen. Mangowürfel und Beeren auf einen Zahnstocher oder ein halbiertes Schaschlikspießchen stecken. Den Smoothie noch einmal durchmixen, in Gläser füllen und mit den Fruchtspießchen dekorieren. Sofort servieren.

## Die Variante

**Mango Blossom**
Den Mango-Smoothie nach Rezept zubereiten und kalt stellen. 6 Eiswürfel fein zerkleinern. Dafür in einen Gefrierbeutel füllen, zuknoten, auf die Arbeitsfläche legen und mit dem Wellholz kräftig darüberrollen. Das „gecrushte" Eis in einen hohen Becher füllen, 8 cl Wodka darübergießen. Mit dem Smoothie und 200 ml Bitter Lemon auffüllen. Gut durchrühren, dann in 3 – 4 Longdrinkgläser füllen, mit Fruchtspießen dekorieren und sofort servieren.

**ETWAS FRUCHTFLEISCH** bleibt beim Passieren immer noch an den Maracuja-Kernen hängen. Mit einer Tasse kochendem Wasser übergießen und abtropfen lassen. Den warmen Saft nach Belieben süßen und abkühlen lassen. Mit kaltem Früchtetee 1:1 mischen und mit Eiswürfeln servieren.

# ANANAS-SMOOTHIE
## *mit Kokosmilch*

FRUCHTIGER GESCHMACK UND SAMTIGE KONSISTENZ – SO PRÄSENTIERT
SICH DIE MISCHUNG AUS HEIMISCHER BIRNE UND EXOTISCHER FRUCHT.

### Zutaten für 2 Gläser à 250 ml

½ reife Ananas (ca. 700 g)

1 reife Birne
(Abate Fetel oder Williams)

etwas Zitronensaft

125 ml Kokosmilch

### Zeitbedarf
▪ 15 Minuten

### So geht's

1. Von der Ananas den Blattansatz und eine dünne Scheibe mitsamt der Schale abschneiden [→a]. Diese für die Garnitur beiseitelegen. Dann erst die Ananas schälen [→b] und längs noch mal halbieren. Den festen Strunk wegschneiden, das Fruchtfleisch in grobe Würfel zerteilen.

2. Die Birne schälen, halbieren, das Kerngehäuse entfernen. Das Fruchtfleisch in Würfel schneiden. In einer Schüssel mit den Ananaswürfeln und etwas Zitronensaft gründlich vermischen, damit sich das Birnenfruchtfleisch nicht braun verfärbt.

3. Die Fruchtwürfel am besten in 2 Portionen (je nach Größe des Mixers eventuell auch in mehreren) immer mit etwas Kokosmilch ganz fein pürieren. Mit Zitronensaft abschmecken und in Gläser füllen.

4. Die Ananasscheibe vierteln, den festen Strunk an der Spitze entfernen. Die Ananasviertel in der Mitte einschneiden und auf den Glasrand stecken. Den Smoothie sofort servieren, da sich die Kokosmilch nach einiger Zeit verändern kann und der Drink dann nicht mehr so gut schmeckt.

**FÜR EINEN ANANAS-COCKTAIL** den fertigen Smoothie mit ½ l Ananassaft (fertig gekauft) vermischen, 4 cl Kokoslikör untermischen und den Drink in Longdrinkgläsern auf Eiswürfeln servieren. Die angegebene Menge reicht für 5 – 6 Cocktails.

# DAS IST *wirklich* WICHTIG

...............................................

**[a] ANANAS VORBEREITEN**
Von der Ananas oben eine gut fin-
gerbreite Scheibe mit dem Blattansatz wegschneiden. Unten ebenfalls
eine Scheibe abschneiden.

**[b] ANANAS SCHÄLEN** Die Frucht
aufstellen und rundum von oben
nach unten die Schale großzügig
entfernen. Eventuell dunkle Punkte
oder braun gefärbte Stellen herausschneiden.

# FRUCHTMARK
## *die Basis für feine Drinks*

Aus rohem oder gekochtem Fruchtmus lassen sich im Nu frische Drinks zubereiten – auch außerhalb der Saison, wenn man einen entsprechenden Vorrat eingefroren hat.

### ROHES FRUCHTMARK

Süße Beeren und Früchte wie Aprikosen oder Pfirsiche können im Grunde pur verwendet werden. Beeren sollte man nur wenn nötig waschen, da sie sonst Flüssigkeit aufsaugen und der Geschmack „verwässert" wird. Anderes Obst waschen, wenn nötig entkernen und klein schneiden. Dann im Mixer oder mit dem Pürierstab fein zerkleinern. Eventuell noch mit Puderzucker oder Zuckersirup süßen.

Besonders leicht – und ohne dass der Mixer oder Pürierstab an seine Leistungsgrenzen kommt – lässt sich das Obst pürieren, wenn man es mit etwas Zucker überstreut (je 500 g Obst 2–3 EL Zucker) und abgedeckt mehrere Stunden oder über Nacht im Kühlschrank durchziehen lässt. Durch den Saft, der sich dabei bildet, geht das Pürieren etwas einfacher und der Zucker hat sich durch die Fruchtsäure auch meist ganz aufgelöst. Ein Nachsüßen ist oft nicht mehr nötig.

Das pürierte Fruchtmark kann man nach Belieben noch zusätzlich durch ein Sieb streichen, damit Kernchen oder Schalenstücke zurückbleiben. Es hält sich im Kühlschrank 3–4 Tage und kann nicht nur für Drinks, sondern auch für Dessertsaucen oder Cremes verwendet werden.

### GEKOCHTES FRUCHTMARK

Diese Methode bietet sich vor allem bei festeren Früchten an. Das gereinigte und klein geschnittene Obst mit etwas Zucker und Wasser (je 500 g Obst 2–3 EL Zucker und 100 ml Wasser) bei milder Hitze köcheln lassen, bis es ganz weich ist. Noch warm pürieren, durch ein Sieb streichen und eventuell mit Zucker nachsüßen, solange es noch warm ist. Abgekühltes Mark mit Puderzucker oder Zuckersirup süßen, um störende Zuckerkristalle zu vermeiden. Kühl gestellt ist es 4–5 Tage haltbar.

### FRUCHTMARK EINFRIEREN

Das fertige Mark am besten in Eiswürfelbehälter abfüllen, dann kann man immer kleine Mengen nach Bedarf entnehmen. Mit diesen „Fruchtwürfeln" lässt sich auch ein schneller Milchshake zubereiten, der durch das gefrorene Mark besonders cremig wird. Ansonsten die Würfel 30–40 Minuten auftauen lassen.

# PURPUR-SMOOTHIE
## *mit Waldbeeren*

SO SCHMECKT DER SOMMER: EIN DRINK MIT VOLLEM BEERENAROMA,
DER GLEICHZEITIG AUCH NOCH SEHR ERFRISCHEND IST.

## Zutaten für 2 Gläser à 250 ml

je 100 g Brombeeren, Himbeeren und Heidelbeeren

125 g Erdbeeren

1 – 2 EL Zitronensaft

3 – 4 Eiswürfel oder 100 ml kaltes Mineralwasser ohne Kohlensäure

etwas Puderzucker

3 – 4 Blätter Minze

1 EL Kristallzucker

evtl. einige Walderdbeeren mit Stiel und Blättern

## Zeitbedarf

▪ 15 Minuten

## So geht's

1. Die Beeren verlesen, Stiele und Blättchen entfernen. Die Erdbeeren je nach Größe halbieren oder vierteln.

2. Alle Beeren in einer großen Schüssel vermischen und mit 1 – 2 EL Zitronensaft beträufeln. Portionsweise zusammen mit den Eiswürfeln oder dem Mineralwasser in einem Mixer oder mit dem Pürierstab gut durchmixen, bis die Masse sehr sämig ist. Nach Geschmack noch etwas Puderzucker darübersieben und ebenfalls gut untermixen.

3. Die Minzeblättchen waschen und zum Trocknen kurz in Küchenpapier wickeln. Auf einem Küchenbrett grob hacken, dann zusammen mit dem Zucker fein zerkleinern [→a].

4. Den Smoothie nochmals kurz durchrühren oder mixen und in Gläser füllen. Mit dem Kräuterzucker bestreuen, evtl. mit Walderdbeeren garnieren und sofort servieren.

**SO SCHMECKT'S AUCH** Den Beeren-Smoothie wie im Rezept beschrieben zubereiten, dann im Verhältnis 1:1 mit Vollmilch nochmals gut durchmixen. 4 Kugeln Vanilleeis in 4 große Gläser verteilen, mit dem Smoothie auffüllen. Mit je 1 Minzeblättchen verzieren.

[a]

## DAS IST *wirklich* WICHTIG

......................................................

**[a] DIE MINZEBLÄTTER** zuerst grob zerkleinern, dann lassen sie sich, zusammen mit dem Zucker, besser im Mörser zerreiben. Wer keinen Mörser hat, kann die Minze-Zucker-Mischung auch einfach auf dem Küchenbrett mit einem großen Messer oder einem Wiegemesser ganz fein hacken.

# DAS IST *wirklich* WICHTIG

**[a] FÜR DIE DEKO** die Johannisbeer-Rispen waschen und mit Küchenpapier trocknen. Mit etwas Zitronensaft bepinseln und ganz leicht in Zucker wälzen. Dann auf Backpapier legen und trocknen lassen.

[a]

# NEKTARINEN-SMOOTHIE
## *mit Reineclauden*

EIN SOMMERGETRÄNK WIE SAMT UND SEIDE: DIE SÄMIGE KONSISTENZ UND
DER MILDE FRUCHTGESCHMACK HARMONIEREN WUNDERBAR ZUSAMMEN.

### Zutaten für 2 Gläser à 250 ml

2 reife Nektarinen

etwas Zitronensaft

150 g Reineclauden

½ Cavaillon-Melone (ca. 400 g)

Schale von ¼ Bio-Zitrone

4 Rispen Schwarze oder
Rote Johannisbeeren

6 – 8 Eiswürfel oder
100 ml Mineralwasser ohne
Kohlensäure

etwas Zucker

### Zeitbedarf
▪ 15 Minuten

### So geht's

1. Die Nektarinen waschen, halbieren und die Kerne entfernen.
4 schöne Spalten schneiden, mit Zitronensaft bepinseln oder darin
wenden und für die Garnitur beiseitestellen. Das restliche Fruchtfleisch grob würfeln und in einer Schüssel sofort mit etwas Zitronensaft beträufeln, damit es sich nicht braun verfärbt.

2. Die Reineclauden ebenfalls waschen, halbieren und entkernen.
Große Früchte vierteln oder achteln und unter die Nektarinen
mischen.

3. Die Kerne aus der Melonenhälfte herausschaben, das Fruchtfleisch mit einem biegsamen Messer von der Schale lösen und
grob würfeln. Zu den übrigen Früchten geben und die Zitronenschale darüberreiben. Kurz durchziehen lassen.

4. In der Zwischenzeit die Johannisbeeren für die Garnitur vorbereiten [→a]. Die Nektarinenspalten in der Mitte einschneiden.

5. Die Fruchtmischung portionsweise, immer zusammen mit Eiswürfeln oder Mineralwasser, ganz fein pürieren. In Gläser füllen,
mit den Früchten dekorieren und sofort servieren.

**SO SCHMECKT'S AUCH** Den Smoothie mit einem guten Schuss Aprikosen-
schnaps parfümieren und noch mit etwas kohlensäurehaltigem Mineralwasser verdünnen.

# GRÜNER SMOOTHIE

*mit Gemüse*

DIE KOMBINATION VON GEMÜSE UND OBST GIBT DIESEM DRINK DIE BESONDERE FARBE UND DEN AUSSERGEWÖHNLICHEN GESCHMACK.

## Zutaten für 2 Gläser à 250 ml

½ Salatgurke (ca. 200 g)

1 säuerlicher Apfel (Granny Smith)

1 grüne Paprikaschote

½ Honigmelone (ca. 300 g)

6 – 8 Eiswürfel oder 100 ml Mineralwasser ohne Kohlensäure

1 Prise Salz

1 Bio-Zitrone

evtl. etwas Akazienhonig

## Zeitbedarf
■ 20 Minuten

## So geht's

1. Die Salatgurke schälen, längs halbieren und die Kerne herausschaben. Das Fruchtfleisch in fingerdicke Scheiben schneiden. Den Apfel schälen, vierteln und das Kerngehäuse entfernen. 4 schöne Apfelspalten schneiden und für die Garnitur beiseitelegen. Das restliche Fruchtfleisch grob würfeln.

2. Die Paprikaschote waschen, längs halbieren und die Kerne entfernen. Das Fruchtfleisch grob würfeln. Aus der Honigmelone die Kerne herausschaben. Das Fruchtfleisch von der Schale lösen und ebenfalls grob würfeln.

3. Frucht- und Gemüsewürfel in einer Schüssel vermischen, dann portionsweise im Mixer oder mit dem Pürierstab, jeweils zusammen mit Eiswürfeln oder Mineralwasser, ganz fein pürieren. Die Portionen wieder gut vermischen und mit Salz, Zitronensaft, etwas abgeriebener Zitronenschale und nach Belieben auch mit etwas Honig abschmecken.

4. Den Smoothie in Gläser füllen und mit den Apfelspalten dekorieren. Den Drink sofort servieren. Auf keinen Fall lange stehen lassen, da sich die Flüssigkeit sonst zu sehr absetzt.

**WHITE MARY** Für eine herzhafte alkoholische Variante 4 Stangen Bleichsellerie (das zarte Grün für die Deko beiseitestellen) in Scheiben schneiden, mit den übrigen Zutaten gut durchmixen. Mit Zitronenschale und -saft, Salz, Pfeffer und Tabasco kräftig abschmecken. 8 cl Gin unterrühren. In Gläser füllen und mit dem Selleriegrün garnieren.

**SMOOTHIES**

[a]

# DAS IST *wirklich* WICHTIG

[a] **KIWIS** Festere Früchte lassen
sich gut mit einem kleinen Messer
schälen. Danach halbieren und
grob würfeln. Sehr reife und schon
etwas weiche Kiwis lassen sich nur
schlecht schälen. Man halbiert sie
mit einem scharfen Messer und löst
das Fruchtfleisch mit einem Teelöffel aus der Schale.

# KIWI-SMOOTHIE
## *mit Melone & Stachelbeeren*

DER ZARTGRÜNE DRINK ERFRISCHT NICHT NUR, SONDERN IST AUCH
EINE RICHTIGE VITAMINBOMBE. DAMIT FÄNGT JEDER TAG GUT AN!

### Für 2 Gläser à 250 ml

250 g reife Stachelbeeren

2 Kiwis

½ Cavaillon- oder Honigmelone (ca. 300 g)

4 – 5 Eiswürfel

etwas Zitronensaft

evtl. 1 EL Puderzucker

### Zeitbedarf
- 20 Minuten

### So geht's

1. Die Stachelbeeren waschen und verlesen. Den Blütenansatz mit einem kleinen spitzen Messer entfernen. Die Beeren halbieren. Die Kiwis je nach Reife schälen oder halbieren und auslöffeln [→a]. Die Kerne der Melonenhälfte entfernen, das Fruchtfleisch von der Schale lösen und grob würfeln.

2. Einige schöne Fruchtstückchen für die Garnitur verwenden und auf 2 Zahnstocher spießen.

3. Stachelbeeren, Kiwis und Melonenwürfel zusammen mit den Eiswürfeln im Mixer sehr fein pürieren. Mit etwas Zitronensaft und gesiebtem Puderzucker abschmecken. Den Smoothie in Gläser füllen, mit den Fruchtspießchen dekorieren und sofort servieren.

### Die Variante

**Ginger-Drink**
Den Kiwi-Melonen-Smoothie wie im Rezept beschrieben zubereiten und kalt stellen. 40 g frische Ingwerwurzel schälen und auf einer feinen Reibe in ein Sieb reiben. Dann das Sieb über den Smoothie halten, mit einem Teelöffel das Ingwermus gut ausdrücken und den Saft in die Kiwi-Melonen-Stachelbeer-Mischung laufen lassen. Gut umrühren. 4 hohe Gläser je zur Hälfte mit dem Smoothie füllen und mit eiskaltem Ginger Ale auffüllen.

# BOWLEN

## *ideal für Gäste*

OB MIT ROSMARIN, MINZE ODER ROSA PFEFFERKÖRNERN AUFGEPEPPT: DIE AROMATISCHEN SOMMERGETRÄNKE AUS DER GROSSEN SCHALE FEIERN NUN IHR COMEBACK.

# MELONEN-BOWLE
## *fruchtig & erfrischend*

DIE VERSCHIEDENEN MELONENFARBEN MACHEN DIE BOWLE BESONDERS ATTRAKTIV. SIE SCHMECKT ABER AUCH MIT NUR EINER SORTE ZUBEREITET.

### Für 6–8 Gläser à 250 ml

1 Flasche Apfelcidre (750 ml)

1 Flasche Zitronenlimonade (750 ml)

½ Honigmelone

½ Cavaillon-Melone

1 Stück (ca. 600 g) Wassermelone

1 kleiner Zweig Rosmarin

Schale und Saft von ½ Bio-Zitrone

2 EL Zucker

6–8 Eiswürfel

### Zeitbedarf
- 20 Minuten + mind. 4 Stunden kühlen

### So geht's

1. Den Cidre und die Zitronenlimonade kalt stellen und gut durchkühlen lassen.

2. Aus den Melonen Kugeln mit einem Kugelausstecher ausstechen und in ein großes Bowlengefäß geben. Den Rosmarin, die dünn abgeschälte Zitronenschale, den Saft sowie den Zucker hinzufügen. Das Gefäß abdecken und alles mindestens 1 Stunde kühl gestellt durchziehen lassen.

3. Kurz vor dem Servieren den Cidre und die Zitronenlimonade über die Melonenwürfel gießen. Die Eiswürfel dazugeben und die Bowle sofort servieren.

### Die Variante

#### Campari-Bowle
Aus einem Stück Wassermelone (ca. 750 g) kleine Kugeln ausstechen oder das Fruchtfleisch in kleine Würfel schneiden. In ein Bowlengefäß geben und mit 100 ml Campari übergießen. Zugedeckt 1 Stunde an einem kühlen Ort ziehen lassen. Kurz vor dem Servieren mit je 1 Flasche gut gekühltem Sekt und Mineralwasser auffüllen. Die Bowle gleich servieren.

**DAS MELONENFLEISCH,** aus dem sich keine Kugeln mehr ausstechen lassen, kann man von der Schale lösen, im Mixer pürieren und mit Tonic oder einer Limonade auffüllen. Eventuell mit etwas Zitronensaft abschmecken und mit einem extradicken Strohhalm servieren.

# ERDBEER-BOWLE
## *mit Holunderblüten*

ERDBEEREN KÜNDIGEN IMMER DEN BEGINNENDEN SOMMER AN. BESONDERS
RAFFINIERT WIRD DIE BOWLE MIT DEN AUFGEBLÜHTEN HOLUNDERDOLDEN.

### Zutaten für 6 – 8 Gläser à 250 ml

500 g Erdbeeren

1 EL Puderzucker

1 Bio-Zitrone

12 schöne große
Holunderblütendolden

75 ml Holunderblütensirup
(siehe Seite 67)

1 Flasche gekühlte Bio-
Zitronenlimonade (750 ml)

1 Flasche gekühltes Mineralwasser mit Kohlensäure (750 ml)

### Zeitbedarf
- 20 Minuten +
  3 – 4 Stunden ziehen

### So geht's

1. Die Erdbeeren nur wenn nötig waschen, abtropfen lassen, den
   Blütenansatz entfernen. Die Früchte halbieren oder vierteln.
   Den Puderzucker darübersieben. Zugedeckt im Kühlschrank gut
   durchziehen lassen.

2. Die Zitrone abwaschen und in dünne Scheiben schneiden. Die Blü-
   tendolden vorsichtig (damit kein Blütenstaub, der das Aroma trägt,
   verloren geht) nach Insekten absuchen, diese gegebenenfalls entfernen. Dicke Stiele und Blätter ebenfalls entfernen, sie können
   die Bowle leicht bitter machen.

3. Die vorbereiteten Blüten (2 – 3 Blüten beiseitelegen) mit den
   Zitronenscheiben in eine große Schale legen, mit Sirup und etwas
   Limonade übergießen. Abdecken und mindestens 3 Stunden
   durchziehen lassen.

4. Die Blüten mit einer Gabel herausfischen und abtropfen lassen.
   Die Erdbeeren zum Ansatz geben, mit eiskalter Limonade und
   Mineralwasser auffüllen. Die zurückbehaltenen Blüten auf die
   Bowle legen, gleich servieren.

**FÜR EINE KLASSISCHE BOWLE** die vorbereiteten Erdbeeren in einem
Bowlengefäß mit 2 EL Zucker bestreuen, 4 cl Himbeergeist darübergießen,
zugedeckt ca. 1 Stunde durchziehen lassen. Die Schale von ½ Bio-Zitrone
zufügen, mit je 1 Flasche gut gekühltem Weißwein und Sekt auffüllen und
sofort servieren.

# PFIRSICH-BOWLE

*mit rosa Pfeffer*

AM BESTEN SCHMECKT DIESE SOMMERBOWLE MIT WEISSEN WEINBERG-
PFIRSICHEN, DIE EIN UNVERGLEICHLICHES AROMA HABEN.

**Zutaten für 6 – 8 Gläser à 250 ml**

750 g Weinbergpfirsiche oder
weißfleischige Pfirsiche

2 – 3 EL Zucker

2 EL rosa Pfefferkörner

etwas abgeriebene Schale von
1 Bio-Zitrone

2 cl Holunderblütensirup
(siehe Seite 67)

1 Flasche Mineralwasser
mit Kohlensäure (750 ml)

1 Flasche Bio-Zitronenlimonade
(750 ml)

6 – 7 Eiswürfel

**Zeitbedarf**
▪ 30 Minuten +
  2 Stunden ziehen

**So geht's**

1. Die Pfirsiche in kochendes Wasser geben, das Wasser kurz aufwallen lassen. Die Pfirsiche mit einem Schaumlöffel herausheben,
   sofort unter kaltem Wasser abschrecken.

2. Die Früchte schälen und entkernen, das Fruchtfleisch anschließend in mundgerechte Stücke schneiden.

3. In einem großen Bowlengefäß die Pfirsichstücke mit Zucker über-
   streuen, die Pfefferkörner und die Zitronenschale dazugeben.
   Den Sirup darüberträufeln, abdecken und die Früchte 2 Stunden
   durchziehen lassen, am besten im Kühlschrank.

4. Kurz vor dem Servieren die Bowle mit Mineralwasser und Limonade auffüllen. Einmal vorsichtig umrühren und die Eiswürfel
   hineingeben. Beim Servieren kleine Spießchen nicht vergessen,
   mit denen man sich die Pfirsichstücke aus dem Glas picken kann.

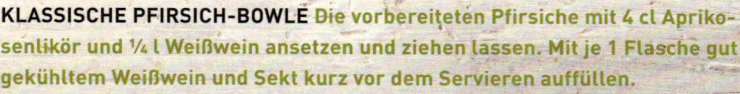

**KLASSISCHE PFIRSICH-BOWLE** Die vorbereiteten Pfirsiche mit 4 cl Apriko-
senlikör und ¼ l Weißwein ansetzen und ziehen lassen. Mit je 1 Flasche gut
gekühltem Weißwein und Sekt kurz vor dem Servieren auffüllen.

# ROSEN-BOWLE
## *mit Himbeeren*

SIE SIEHT NICHT NUR BESONDERS SCHÖN AUS, SONDERN DUFTET
AUCH VERFÜHRERISCH UND SCHMECKT NACH SOMMER PUR!

## Zutaten für 6–8 Gläser à 250 ml

125 g Himbeeren

3 EL Kräutertee mit
Rosenblättern („Rosentraum")

1 Handvoll ungespritzte rosa
Duftrosenblätter

5 EL Rosenwasser (Apotheke)

½ Bio-Zitrone

1 Flasche eiskaltes Mineralwasser mit Kohlensäure (750 ml)

## Zeitbedarf

- 15 Minuten +
  3–4 Stunden kühlen

## So geht's

1. Die Himbeeren verlesen, auf einem Teller auslegen [→a] und für
   3–4 Stunden ins Gefrierfach geben.

2. Die Kräutertee-Mischung mit 1 l kochendem Wasser übergießen
   und 10 Minuten ziehen lassen. Dann durch ein Sieb abgießen, abkühlen lassen und anschließend kalt stellen.

3. Die Hälfte der Rosenblätter in einem großen Gefäß mit dem Rosenwasser überträufeln. Von der Zitrone mit einem Sparschäler
   die Schale abschneiden und zu den Blättern geben. Den Ansatz
   abgedeckt kühl stellen und 30 Minuten durchziehen lassen.

4. Kurz vor dem Servieren die Himbeeren zu den Rosenblättern in
   das Gefäß geben, mit dem kalten Tee und dem Mineralwasser auffüllen. Die restlichen Rosenblätter in die Bowle streuen und sofort
   servieren.

**FÜR EINE ROSÉ-BOWLE** kann man zum Auffüllen anstelle von Tee und
Mineralwasser 2 Flaschen gut gekühlten Rosé-Sekt verwenden.

[a]

# DAS IST *wirklich* WICHTIG

[a] **DIE HIMBEEREN** so auf einem Teller (er sollte ins Gefrierfach passen) auslegen, dass sie sich nicht berühren. Die Beeren dann für 3 – 4 Stunden gefrieren lassen. Anschließend kann man sie für eine längere Aufbewahrung auch in Gefrierdosen oder -tüten füllen.

# FRÜCHTE & BEEREN
*richtig vorbereiten*

Bevor man mit dem Mixen oder Shaken loslegen kann, müssen die Früchte gewaschen, geschält und zerkleinert werden – sozusagen das „mise-en-place" der Drinks-Zubereitung.

## FRÜCHTE WASCHEN

Alles was nicht geschält wird, muss vorab gründlich gewaschen werden. Unter fließend kaltem Wasser abduschen und dann abtropfen lassen. Robustes Obst wie Aprikosen, Pfirsiche, Kirschen etc. dafür in ein Sieb schütten, empfindlichere Früchte auf Küchenpapier ausbreiten. Beeren, wie die sehr empfindlichen Himbeeren, am besten nur kurz oder gar nicht waschen.

## FRÜCHTE SCHÄLEN

Äpfel und Birnen lassen sich am besten mit einem kleinen scharfen Küchenmesser oder einem Sparschäler von der festen Schale befreien. Bei Pfirsichen oder Aprikosen hilft kurzes Blanchieren. Dafür die Früchte in kochendes Wasser geben, einmal kräftig aufkochen lassen und mit einem großen Schaumlöffel gleich wieder herausheben. Sofort unter fließend kaltem Wasser abschrecken oder in vorbereitetes Eiswasser (Wasser mit Eiswürfeln) legen. Dann die Schale der Früchte mit einem Messer an einer Stelle kreuzweise anritzen und Stück für Stück abziehen.

## FRÜCHTE ZERKLEINERN

Zum Mixen oder Pürieren sollten die Obststücke nicht zu groß sein, ca. 2 cm große Würfel. Bei sehr weichen oder wasserhaltigen Früchten (z. B. Melonen) können sie auch größer sein. Im Prinzip gilt: Je kleiner die Fruchtstücke, desto kürzer ist die Mixzeit. Denn Pürieren erzeugt Wärme und die bekommt nicht allen Früchten. Viele Drinks, vor allem Smoothies, bekommen sogar eine besonders cremige Konsistenz, wenn man gefrorenes Obst verwendet. Deshalb lohnt es sich auch, für den Winter einen Früchtevorrat einzufrieren.

## ZITRONENSAFT

Manche Früchte werden bei längerem Kontakt mit Luft leicht bräunlich. Um das zu verhindern, kann man sie nach dem Schälen oder Zerkleinern mit Zitronensaft beträufeln oder darin wenden. Keine Angst: Der Zitronensaft verfälscht den Fruchtgeschmack nicht, sondern verstärkt ihn manchmal sogar.

# MINZE-BOWLE
## *mit Johannisbeeren*

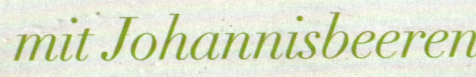

DIE ÄTHERISCHEN ÖLE DER FRISCHEN MINZEBLÄTTER MACHEN DIESE
BOWLE ZU EINEM GANZ BESONDERS ERFRISCHENDEN SOMMERGENUSS.

### Zutaten für 6 – 8 Gläser à 250 ml

2 Bund frische Minze

¾ l Wasser

2 – 3 EL Zucker

1 Flasche Mineralwasser mit
Kohlensäure (750 ml)

200 g Weiße Johannisbeeren

ca. 20 Eiswürfel

### Zeitbedarf

- 15 Minuten +
  5 – 6 Stunden kühlen

### So geht's

1. Einige schöne Minzeblätter von den Stängeln zupfen und für die Dekoration beiseitestellen. Am besten mit einem feuchten Tuch abdecken oder in Frischhaltefolie einwickeln und kühl stellen, damit die Blätter nicht welk werden.

2. Die übrige Minze grob schneiden und in ein hohes Gefäß füllen. Mit dem frisch aufgekochten Wasser übergießen und 10 Minuten ziehen lassen. Abgießen, die Minze wegwerfen, den Sud mit Zucker ganz nach Wunsch süßen. Abkühlen lassen und anschließend im Kühlschrank sehr kalt werden lassen. Das Mineralwasser ebenfalls kalt stellen.

3. Die Johannisbeeren waschen und abtropfen lassen. Die Beeren von den Rispen zupfen und in ein Bowlengefäß geben. Kurz vor dem Servieren die Eiswürfel dazugeben, mit dem eiskalten Minzetee und dem Mineralwasser auffüllen. Die beiseitegestellten Minzeblätter darüberstreuen.

**SO SCHMECKT'S AUCH** Beim Auffüllen kann man das Mineralwasser durch einen gut gekühlten Schaumwein ersetzen und zusätzlich 4 cl Minzelikör in die Bowlenmischung geben. Wer mag, kann auch Rote, Weiße und Schwarze Johannisbeeren mischen.

# KIRSCH-BOWLE
## *mit Malventee*

DUNKELROTE HERZ- ODER KNORPELKIRSCHEN SIND IDEAL FÜR DIESE BOWLE.
ZERKLEINERTE KIRSCHKERNE GEBEN IHR EIN BESONDERS FEINES AROMA.

### Für 6–8 Gläser à 250 ml

500 g Herz- oder Knorpelkirschen

75 g Mandeln

1 ¼ l Wasser

50–75 g weißer Kandis

3 gehäufte EL Malventee

6–8 Eiswürfel

### Zeitbedarf

- 30 Minuten +
  3–4 Stunden kühlen

### So geht's

1. Die Kirschen waschen, entstielen, mit einem scharfen kleinen Messer halbieren und die Kerne entfernen. 6–8 Kerne in eine Plastiktüte geben, zuknoten, auf ein Brett legen, eine gefaltete Zeitung darüberlegen und die Kerne mit einem Hammer zerkleinern. In ein Mullsäckchen einbinden.

2. Die Mandeln in kochendem Wasser einmal aufwallen lassen. In ein Sieb abgießen, kalt abschrecken und die Schale abziehen.

3. ¼ l Wasser mit Kandiszucker erhitzen, rühren, bis sich der Zucker aufgelöst hat. Das restliche Wasser aufkochen, den Malventee damit aufgießen und 5 Minuten ziehen lassen. Anschließend abkühlen lassen und kalt stellen.

4. In einem großen Gefäß Kirschen, Mandeln und Kirschkernsäckchen mit dem warmen Zuckersirup übergießen und ziehen lassen. Kurz vor dem Servieren das Säckchen entfernen und die Bowle mit dem gut gekühlten Tee auffüllen. Eiswürfel dazugeben und sofort servieren.

### Die Variante

**Kirsch-Bowle mit Sekt**
500 g Kirschen waschen, entstielen, mit einem scharfen Messer halbieren und die Kerne entfernen. Dabei vorsichtig vorgehen, damit die Hälften ansehnlich bleiben. In ein großes Gefäß geben, mit 6 cl Kirschlikör oder Amaretto übergießen. Abgedeckt 1 Stunde ziehen lassen. Kurz vor dem Servieren mit je 1 Flasche gut gekühltem Rosé-Sekt und Mineralwasser auffüllen. 6–8 Eiswürfel dazugeben.

[a]

## DAS IST *wirklich* WICHTIG

[a] **ZESTEN** Von der Schale der Zitrusfrüchte mit einem Zesten-schneider jeweils 4 Streifen so ab-schälen, dass ein dekoratives Muster entsteht, das die Früchte in Viertel einteilt. Die Zitrusfrüchte anschlie-ßend in knapp fingerdicke Scheiben schneiden.

# SANGRIA
## *mit Fruchtsäften*

DAS TYPISCHE SPANIEN-URLAUBSGETRÄNK HIER MAL IN EINER VARIANTE,
DIE AUCH ZUM KINDERGEBURTSTAG SERVIERT WERDEN KANN!

### Für 6 – 8 Gläser à 250 ml

2 Bio-Orangen

1 Bio-Zitrone

40 ml Granatapfelsirup

je 750 ml gut gekühlter roter Trauben- und Apfelsaft

6 – 8 Eiswürfel

einige Blättchen Zitronenmelisse

### Zeitbedarf
- 15 Minuten +
  1 Stunde ziehen

### So geht's

1. Die Zitrusfrüchte waschen und mit Küchenpapier gut abtrocknen. Mit einem Zestenschneider jeweils einige Schalenstreifen abschälen [→a]. Die Zitrusfrüchte anschließend in Scheiben schneiden.

2. Die Zitrusscheiben und die Schalenstreifen in ein großes Bowlengefäß legen und mit dem Granatapfelsirup übergießen. Kühl stellen und abgedeckt 1 Stunde durchziehen lassen.

3. Die Zitrusfrucht-Mischung anschließend mit Trauben- und Apfelsaft übergießen und die Eiswürfel dazugeben. Die Melisseblättchen ebenfalls in das Bowlengefäß geben und die Sangria gleich servieren.

### Die Variante

**Weiße Sangria**
250 g weiße Trauben mit einem scharfen Messer halbieren und die Kerne mit der Messerspitze herauslösen. Aus einem Stück Honigmelone (ca. 300 g) kleine Kugeln ausstechen. 1 Bio-Zitrone in feine Spalten schneiden. Alle Früchte in ein großes Gefäß geben und mit je 1 Flasche gut gekühltem weißem Traubensaft und Mineralwasser auffüllen.

**FÜR EINE ECHTE SANGRIA** anstelle der Fruchtsäfte
2 Flaschen trockenen Rotwein verwenden, der zuvor
auch gut gekühlt werden sollte.

# KRÄUTER-BOWLE
## *mit Melisse*

DIESE ZITRONENMELISSE-BOWLE IST GANZ UNKOMPLIZIERT IN DER ZUBEREITUNG, SIE ERFRISCHT UND LÄSST SICH PRIMA MIT ODER OHNE ALKOHOL SERVIEREN.

## Zutaten für 6 – 8 Gläser à 250 ml

2 große Bund Zitronenmelisse

ca. 2 EL Zucker

1 Bio-Zitrone

1 Flasche gut gekühltes Mineralwasser mit Kohlensäure (750 ml)

6 – 8 Eiswürfel

## Zeitbedarf
- 10 Minuten +
  3 – 4 Stunden kühlen

## So geht's

1. Die Zitronenmelisse waschen und gut trocken schütteln. Eine kleine Handvoll Blättchen abzupfen und für die Garnitur beiseitestellen.

2. Die Melisse grob zerkleinern [→a], anschließend in eine hohe Kanne geben und mit 1 l kochendem Wasser übergießen. Abdecken und 15 Minuten ziehen lassen.

3. Den Sud durch ein Sieb abgießen, sodass die Blätter zurückbleiben. Den Sud auffangen und mit Zucker nach Belieben süßen. Abkühlen lassen und anschließend kalt stellen.

4. Die Zitrone abwaschen und in feine Spalten schneiden. Mit dem Melissensud in ein Bowlengefäß geben. Mit Mineralwasser auffüllen, die Eiswürfel dazugeben und die zurückbehaltenen Melisseblättchen darüberstreuen. Sofort servieren.

**SO SCHMECKT'S AUCH** Statt mit Mineralwasser kann man die Bowle auch mit 1 Flasche gut gekühltem Sekt oder Prosecco aufgießen. Geben Sie kurz vor dem Servieren eine gute Handvoll kleine Melonenkugeln oder -würfel und Rote oder Schwarze Johannisbeeren in die Bowle. Stellt man die Beeren vorher ca. 2 Stunden in den Gefrierschrank, kühlen sie zusätzlich.

# DAS IST
# *wirklich*
### WICHTIG

**[a] ZITRONENMELISSE** Das Kräuter-
bund auf ein Küchenbrett legen,
mit einem scharfen Messer in ca.
2 Finger breite Stücke schneiden.
So vergrößert sich die Oberfläche
der Kräuter und der Aufguss wird
intensiver, als wenn man die ganzen
Blätter im Wasser ziehen lässt.

# GEMÜSE-DRINKS
## die gesunde Erfrischung

KNACKIGES GEMÜSE UND ZARTE SALATBLÄTTER –
HIER MAL NICHT AUF DEM TELLER ANGERICHTET,
SONDERN FEIN PÜRIERT UND GEWÜRZT ALS
FITNESSDRINK IM GLAS SERVIERT.

# MÖHREN-DRINK
## *mit Aprikosen*

DER MILD-SÜSSLICHE FENCHEL HARMONIERT SEHR GUT MIT DER RAFFINIERTEN KOMBINATION VON JUNGEN MÖHREN UND SAFTIGEN APRIKOSEN.

### Für 4 Gläser à 250 ml

3 Beutel Fencheltee

½ l Wasser

Vollrohrzucker zum Süßen

400 g junge Möhren

150 g reife Aprikosen

Eiswürfel

etwas Zitronen- oder Limettensaft

evtl. Mineralwasser ohne Kohlensäure

einige Borretschblüten zum Verzieren

### Zeitbedarf

- 10 Minuten +
  10 Minuten ziehen

### So geht's

1. Den Fencheltee mit kochendem Wasser übergießen, zugedeckt 8 – 10 Minuten ziehen lassen. Die Teebeutel entfernen, den Aufguss nach Belieben süßen.

2. Die Möhren unter fließend kaltem Wasser abschrubben, nur bei Bedarf schaben oder schälen. Die Aprikosen waschen, halbieren und den Kern entfernen. Die Möhren und die Aprikosen grob zerkleinern.

3. Möhren und Aprikosen in den Mixer geben und fein zerkleinern. Den noch warmen Fencheltee langsam dazugießen und mixen, bis der Drink sehr cremig ist. Ganz zum Schluss 3 – 4 Eiswürfel untermixen. Mit Zitronen- oder Limettensaft abschmecken, eventuell noch mit etwas Mineralwasser verdünnen.

4. Die Gläser zu ⅔ mit zerkleinerten Eiswürfeln füllen. Den Drink darübergießen und mit je 1 Borretschblüte verzieren.

### Die Variante

#### Red Carrot
Aus 2 Teebeuteln (oder 2 TL losem) rotem Früchtetee und 500 ml kochendem Wasser einen Aufguss zubereiten. Mit Zucker nach Belieben süßen. Den Aufguss abkühlen lassen und anschließend im Kühlschrank gut durchkühlen. 4 Gläser zu ⅔ mit fein zerkleinertem Eis füllen. Zuerst je 4 cl Campari einfüllen, dann ¼ l Möhrensaft (fertig gekauft) darüber verteilen und mit dem Früchtetee auffüllen. Mit Minzeblättern garnieren und sofort servieren.

**WENN'S SCHNELL GEHEN SOLL,** lässt sich der Drink auch mit einem guten gekauften Möhrensaft zubereiten. Die Aprikosen dann einfach weglassen.

# GAZPACHO-DRINK
## *fruchtig & feurig*

UNSCHWER ZU ERKENNEN: DAS VORBILD FÜR DIESEN ERFRISCHENDEN, WÜRZIGEN DRINK IST DIE BERÜHMTE KALTE SPANISCHE SOMMERSUPPE.

## Zutaten für 4 Gläser à 250 ml

3 rote Paprikaschoten (ca. 600 g)

2 Knoblauchzehen

½ Chilischote oder
2 Msp. Cayennepfeffer

3–4 EL Olivenöl

einige Nadeln Rosmarin

grober Pfeffer aus der Mühle

abgeriebene Schale von
½ Bio-Zitrone

1 kleine Dose Pizzatomaten
(425 ml Inhalt)

250–350 ml gut gekühltes
Mineralwasser ohne Kohlensäure

Salz

etwas Zucker

etwas Zitronensaft

## Zeitbedarf
- 15 Minuten

## So geht's

1. Die Paprikaschoten waschen, halbieren, die Kerne und die dicken weißen Rippen entfernen. Einige schöne Spalten für die Garnitur schneiden und beiseitelegen. Die übrigen Paprikaschoten grob würfeln [→a]. Die Knoblauchzehen schälen.

2. Paprikawürfel, Knoblauch, Chilischote oder Cayennepfeffer, Olivenöl, Rosmarin, Pfeffer und Zitronenschale in einer Schüssel vermischen. Die Pizzatomaten dazugeben und alles im Mixer sehr fein zerkleinern. So viel Mineralwasser mitmixen, bis die Mischung dickflüssig ist.

3. Mit Salz, Pfeffer aus der Mühle, Zucker und Zitronensaft kräftig abschmecken. In Gläser füllen und mit den Paprikaspalten garnieren. Die Drinks sofort servieren.

**FÜR EINEN RED-PEPPER-COCKTAIL** den Drink zusätzlich mit Paprikapulver scharf abschmecken. Longdrinkgläser zu gut ⅓ mit dem Drink füllen. Mit Tonic oder Bitter Lemon und einem kräftigen Schuss Wodka auffüllen und sofort servieren.

[a]

# DAS IST *wirklich* WICHTIG

[a] **PAPRIKASCHOTEN** Durch die rohen Paprikastücke bleibt der Drink relativ „bissig"; d. h., das Fruchtfleisch lässt sich nicht cremig pürieren. Wen das stört, der kann die Paprikaschoten vorher im Backofen rösten, bis die Haut Blasen wirft. Das Fruchtfleisch wird ganz weich und die Haut lässt sich einfach abziehen. Die Schoten dann halbieren und die Kerne entfernen, den austretenden Saft in einer Schale auffangen.

# DAS AUGE TRINKT MIT
*servieren & garnieren*

Die richtige Präsentation der Getränke fängt schon mit der Auswahl der Gläser an: Formschöne, auch ungewöhnliche Gläser werten jeden Drink auf. Stellen Sie die Gläser vor dem Gebrauch in den Kühlschrank (15–20 Minuten reichen schon), denn alle Drinks sollten gut gekühlt serviert werden. Meistens mit Eiswürfeln oder Crushed Ice, was nicht nur den Drink länger kühl hält, sondern ein beschlagenes Glas macht, gerade an heißen Sommertagen, besonders Lust auf die Erfrischung.

Meist reicht als Deko schon ein Trinkhalm, den es in allen Farben und vielen Varianten gibt: extra dick, zum Abknicken, mit kleinem Löffel am unteren Ende, was besonders für sämige Drinks und Smoothies sehr praktisch ist.

## DEN GLASRAND VERZIEREN
Ein sogenannter Crustarand, ein Rand aus Zucker oder Streuseln, macht auch aus einem ganz einfachen Glas was Besonderes. Für den Zuckerrand wird das Glas mit dem Rand in Zitronensaft getaucht (dafür etwas Saft auf einen kleinen Teller geben und das Glas umgekehrt daraufstellen). Dann in eine Schale mit weißem oder braunem Zucker tauchen, umdrehen und kurz trocknen lassen.

Mit Schokostreuseln lässt sich der Glasrand dunkel gestalten. Dafür Eiweiß gut mit einer Gabel verquirlen und den Rand entweder mit der Fingerspitze oder mit einem Pinsel dünn bestreichen, dann in die Schokostreusel tauchen. Auch Kokosraspeln, Kakao- und Kaffeepulver oder Krokantstreusel kann man dafür verwenden. Für pikante Drinks passt Salz oder auch Paprikapulver.

## MIT FRÜCHTEN GARNIEREN
Die einfachste Deko sind frische Fruchtstücke, z.B. Limonen- oder Orangenscheiben, die man einschneidet und an den Glasrand steckt. Passt immer, außer für Drinks, die mit Kaffee zubereitet werden.
Man kann kleine Fruchtstücke oder Beeren, passend zum Drink, auch auf Spießchen aus Holz oder Kunststoff stecken und über das Glas legen. Will man sie vorbereiten, beträufelt man die Früchte mit etwas Zitronensaft, damit sie sich nicht verfärben, legt sie mit Frischhaltefolie abgedeckt auf einen Teller und stellt sie bis zur Verwendung kühl.
Auch mit nur einem schönen Fruchtstück lässt sich ein Drink verzieren. Dafür das Obst auf einen längeren Spieß (er sollte über das Glas hinausragen) stecken und in den Drink geben.

53

DAS IST
*wirklich*
WICHTIG

[a] **TOMATEN** Die Tomatenstücke in
der Hand gut zerquetschen und dann
erst in den Topf geben. Würde man
sie auf dem Brett grob hacken, ginge
zu viel Saft verloren. Überreife oder
auch leicht angestoßene Tomaten
sind für dieses Rezept bestens geeignet. Fragen Sie beim Gemüse-
händler ruhig danach.

# TOMATEN-ESSENZ
## *mit Staudensellerie*

DER IDEALE APERITIF FÜR DIE GARTENPARTY: ERFRISCHT AN HEISSEN
SOMMERTAGEN UND MACHT APPETIT AUF EIN ESSEN IM FREIEN!

## Für 4 Gläser à 250 ml

4 Stangen Staudensellerie

einige Rosmarinnadeln

1 – 2 Stängel Thymian

1,5 kg ganz reife
Fleischtomaten

½ l Wasser

Salz, Pfeffer aus der Mühle

1 gute Prise Zucker

1 kleine Handvoll
Basilikumblätter

Eiswürfel

8 Kirschtomaten

## Zeitbedarf
- 20 Minuten +
  30 Minuten garen +
  mind. 4 Stunden kühlen

## So geht's

1. Die Selleriestangen putzen und waschen. 8 dickere Stücke abschneiden und für die Garnitur beiseitestellen. Die restlichen Stangen in Stücke schneiden und zusammen mit Rosmarin und Thymian in einen großen Topf geben.

2. Die Tomaten waschen, den Stielansatz entfernen und die Früchte vierteln oder achteln. Über dem Topf mit der Hand zerquetschen [→a], dann hineingeben. Das Wasser, Salz, Pfeffer und Zucker zufügen. Aufkochen und dann bei milder Hitze 30 Minuten leise köcheln lassen.

3. Die Tomaten in ein Spitzsieb abgießen und abtropfen lassen. Nicht zu sehr ausdrücken, damit der Saft klar bleibt. Nochmals abschmecken. Abkühlen lassen und anschließend kalt stellen.

4. Die Basilikumblätter grob hacken. Die Gläser zu ⅔ mit Eiswürfeln füllen, Basilikum zugeben und mit dem eiskalten Tomatensud auffüllen. Kirschtomaten und Selleriestücke auf Zahnstocher stecken und die Gläser damit dekorieren.

## Die Variante

### Tomaten-Drink
750 ml passierte Tomaten (Glas oder Tetrapack) mit Zucker, Zitronensaft und -schale und frisch gemahlenem Pfeffer kräftig würzen. In 4 Gläser verteilen, je 1 EL glatt gerührte saure Sahne in die Mitte geben und mit einem Löffel spiralförmig verteilen. Die Drinks mit je 1 Basilikumblatt verzieren und sofort servieren.

# SALAT IM GLAS
## *mit Apfelsaft*

HÖRT SICH SEHR EXOTISCH AN, SCHMECKT ABER GANZ BODENSTÄNDIG.
DIE GRÜNE VITAMINBOMBE MACHT FIT UND HÄLT SCHLANK.

### Zutaten für 2 Gläser à 200 ml

1 kleiner Kopfsalat oder Romana (geputzt ca. 250 g)

2 säuerliche Äpfel

1 Stück Salatgurke (ca. 180 g)

150 ml Mineralwasser ohne Kohlensäure

150 ml Apfelsaft

3 Eiswürfel

je 1 gute Prise Zucker und Salz

etwas gemahlene Muskatblüte (Macis) oder Nelken

Zitronensaft

### Zeitbedarf
- 10 Minuten

### So geht's

1. Den Salat putzen, waschen und im Sieb gut abtropfen lassen. Dicke Blattrippen eventuell herausschneiden. Den Apfel schälen, vierteln und das Kerngehäuse herausschneiden. Die Viertel grob zerkleinern.

2. Die Salatgurke schälen und längs halbieren, in fingerdicke Scheiben schneiden. Die Apfel- und Gurkenstücke mit den Salatblättern in den Mixer geben und zusammen mit dem Mineralwasser und dem Apfelsaft sehr fein pürieren.

3. Die Eiswürfel zum Schluss untermixen, dadurch wird der Drink besonders sämig. Mit etwas Zucker, Salz und Muskat oder Nelken und einem Spritzer Zitronensaft abschmecken. Sofort servieren, da der Drink sehr schnell braun wird.

**SO SCHMECKT'S AUCH** Dieser Gemüsedrink lässt sich gut mit ½ l Buttermilch „verlängern" und kann dann auch einmal das Mittag- oder Abendessen ersetzen.

# PINK POWER
## *mit Roter Bete*

MIT JUNGEN KNOLLEN SCHMECKT DER DRINK BESONDERS GUT. ABER VORSICHT BEIM MIXEN: SPRITZER HINTERLASSEN HARTNÄCKIGE FLECKEN!

### Zutaten für 2 Gläser à 250 ml

- 250 g junge Rote Bete
- 1 Apfel (Jonathan oder Boskop)
- Saft und abgeriebene Schale von ½ Bio-Zitrone
- je 150 ml Bananensaft und Molke
- evtl. etwas Akazienblütenhonig

### Zeitbedarf
- 10 Minuten

### So geht's

1. Die Rote Bete schälen, dabei am besten mit Einmalhandschuhen arbeiten, denn der Saft der Knollen färbt sehr stark! Einige kleine Blätter zum Garnieren beiseitestellen. Das Rote-Bete-Fruchtfleisch in grobe Würfel schneiden.

2. Den Apfel schälen, in Viertel schneiden und das Kerngehäuse entfernen. Die Viertel in größere Würfel schneiden.

3. Die Rote-Bete- und Apfelwürfel mit 1 EL Zitronensaft und etwas abgeriebener Zitronenschale, dem Bananensaft und der Molke im Mixer sehr fein pürieren. Mit Zitronensaft und nach Belieben auch mit etwas Honig abschmecken. Die Drinks mit je 1 Rote-Bete-Blatt garnieren und sofort servieren.

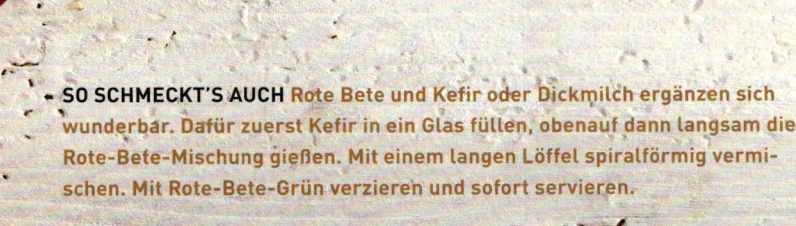

**SO SCHMECKT'S AUCH** Rote Bete und Kefir oder Dickmilch ergänzen sich wunderbar. Dafür zuerst Kefir in ein Glas füllen, obenauf dann langsam die Rote-Bete-Mischung gießen. Mit einem langen Löffel spiralförmig vermischen. Mit Rote-Bete-Grün verzieren und sofort servieren.

# AVOCADO CREAM
## *mit Sojamilch*

DIE CREMIG-FRISCHE UND SEHR GESUNDE POWERFRUCHT WIRD MIT SOJAMILCH UND BANANENSAFT ZU EINEM RAFFINIERTEN DRINK GEMIXT.

**Zutaten für 4 Gläser à 250 ml**

2 Avocados

1 Bio-Zitrone

1 gute Prise Muskatnuss

ca. 400 ml Bananensaft

500 ml gut gekühlte Sojamilch

etwas unraffinierter Vollrohrzucker (Mascobado)

**Zeitbedarf**
▪ 20 Minuten

**So geht's**

1. Die Avocados schälen, halbieren und den Kern herauslösen. Sehr weiche Früchte halbieren, den Kern herauslösen und das Fruchtfleisch mit einem Löffel herausschaben. Das Fruchtfleisch grob zerkleinern und in einer Schale mit etwas Zitronensaft beträufeln, damit es sich nicht braun verfärbt.

2. Die Avocados mit etwas Muskatnuss bestreuen und vermischen. Dann portionsweise mit dem Bananensaft und der Sojamilch im Mixer fein pürieren. Eventuell noch etwas Bananensaft untermixen, falls der Drink zu dickflüssig sein sollte. Mit dem Rohrzucker, ein wenig abgeriebener Zitronenschale und eventuell noch mit etwas Muskatnuss abschmecken.

3. Longdrinkgläser mit einem Mascobado-Zuckerrand verzieren [→a], den Avocadodrink einfüllen und servieren.

**SO SCHMECKT'S AUCH** Die Avocados grob zerkleinert zusammen mit 600 ml gut gekühlter Sojamilch mixen. Mit Salz, etwas Cayennepfeffer, abgeriebener Zitronenschale und -saft abschmecken. Nach Belieben noch einen guten Schuss Birnenschnaps untermixen. Mit ganz klein geschnittenen gelben oder grünen Paprikawürfeln bestreuen und servieren.

[a]

## DAS IST *wirklich* WICHTIG

........................................................

**[a] ZUCKERRAND** Dafür etwas Zucker auf einen kleinen Unterteller geben. Den Glasrand in etwas Zitronensaft tauchen oder mit einer Zitronenspalte befeuchten. Das Glas kopfüber in den Zucker stellen und leicht drehen. Dann kann der Drink eingefüllt werden.

[a]

# DAS IST *wirklich* WICHTIG

**[a] KRESSE** Mit den Fingerspitzen ein kleines Büschel Kresse greifen und mit der Küchenschere abschneiden. Auf Watte gewachsene Kresse kann man auch direkt über der Schüssel „ernten". Dafür das Kästchen schräg halten, die Kresse abschneiden und direkt in das Gefäß fallen lassen.

# KRESSE-DRINK
## *mit Salatgurke*

DIE FRISCHE KRESSE BRINGT ANGENEHME SCHÄRFE IN DEN WACHMACHER-
DRINK. KNOBLAUCH UND INGWER GEBEN ZUSÄTZLICH EINE PIKANTE NOTE.

**Für 2 Gläser à 250 ml**

2 Kästchen Kresse

1 Salatgurke (ca. 350 g)

1 Knoblauchzehe

300 g Vollmilch- oder
Magermilchjoghurt

Salz, Pfeffer aus der Mühle

1 Prise Chili

Ingwerpulver

1 gute Prise Zucker

**Zeitbedarf**
- 10 Minuten

**So geht's**

1. Die Kresse mit einer Schere abschneiden [→a].
   Die Salatgurke schälen, längs halbieren und die
   Kerne mit einem Löffel herausschaben. Das
   Fruchtfleisch in fingerdicke Scheiben schneiden.
   Die Knoblauchzehe schälen.

2. Alle Zutaten zusammen im Mixer oder mit dem
   Pürierstab fein zerkleinern. Den Joghurt dazugeben und alles gut durchmixen. Mit Salz, frisch
   gemahlenem Pfeffer, Chili, Ingwer und Zucker
   kräftig abschmecken. Sollte der Drink noch zu
   dickflüssig sein, einfach mit etwas Wasser oder
   Milch verdünnen.

3. Den Drink in Gläser füllen, eventuell mit etwas
   Kresse garnieren und gleich servieren.

**Die Variante**

**Spinat-Power-Drink**
300 g junge Spinatblätter
verlesen, waschen und
in einem Sieb abtropfen
lassen. Zusammen mit
1 grob zerkleinerten, ge-
schälten und entkernten
Salatgurke im Mixer fein
pürieren. Gut ¼ l kaltes
Mineralwasser und 250 g
Kefir zufügen und kräftig
mixen. Sollte der Drink
noch zu dickflüssig sein,
einfach etwas mehr Was-
ser dazugeben. Ein wenig
abgeriebene Zitronen-
schale und etwas Zitro-
nensaft unterrühren.
Mit Salz, 1 Prise Zucker,
Pfeffer und etwas Kreuz-
kümmel oder Curry pikant
abschmecken.

# LIMONADEN

## & raffinierte Eistees

DIE KLASSISCHEN ERFRISCHUNGS-GETRÄNKE SCHMECKEN SELBST GEMACHT BESONDERS GUT UND SIND IDEALE DURSTLÖSCHER, VOR ALLEM AN HEISSEN SOMMERTAGEN.

## DAS IST *wirklich* WICHTIG

[a] **ZITRONENSCHALE** Die Zitronen heiß abwaschen. Am besten mit einem Sparschäler die Schale so dünn abschälen, dass möglichst wenig von der weißen Haut daran haften bleibt. Sie würde den Sud zu bitter machen.

[a]

# ZITRONEN-LIMONADE
## *einfach gut!*

DER KLASSIKER UNTER DEN ERFRISCHUNGSGETRÄNKEN – MAL NICHT
AUS DEM SUPERMARKT, SONDERN GANZ EINFACH SELBST GEMACHT.

## Zutaten für 1 l Limonade

50 g Zucker

100 ml Wasser

2 Zitronen

1 Prise Salz

1 l Mineralwasser mit
Kohlensäure

## Zeitbedarf

- 10 Minuten +
  2–3 Stunden kühlen

## So geht's

1. In einem Topf Zucker und Wasser erhitzen,
   einmal sprudelnd aufkochen lassen, vom Herd
   nehmen und etwas abkühlen lassen.

2. Die Zitronen auspressen, den Saft unter die Zuckerlösung rühren. Mit einer kleinen Prise Salz
   würzen. Die Mischung dann vollständig abkühlen
   lassen.

3. Das Mineralwasser zur Mischung gießen und
   einmal umrühren. Die Limonade entweder
   gleich servieren oder in Flaschen abfüllen, gut
   verschließen und bis zum Gebrauch kalt stellen.

## Die Variante

### Bitter Lemon
2 Bio-Zitronen mit dem
Sparschäler abschälen
[→a], den Saft auspressen.
50 g Zucker in 100 ml ko-
chendem Wasser auf-
lösen, den Saft und die
Schale der Zitrone zufü-
gen und die Mischung
30 Minuten durchziehen
lassen. Durch ein Sieb abgießen, damit die Schale
zurückbleibt. Den Sud mit
1 Prise Salz würzen, mit
1 l Mineralwasser mit
Kohlensäure auffüllen.
In Flaschen abfüllen, verschließen und über Nacht
kalt stellen. Durch die
Zitronenschalen bekommt
das Getränk den typischen
Bitter-Lemon-Geschmack.

**DER LIMO-SIRUP** kann natürlich auch glasweise erst
kurz vor dem Trinken verdünnt werden. So lässt sich
zum Beispiel bei einem Ausflug das Konzentrat in einem
kleinen Fläschchen mitnehmen und vor Ort mit Mineralwasser mischen.

# ZUCKERSIRUP
## *die flüssige Süße*

Aus Zucker und Wasser ganz schell und einfach auf Vorrat hergestellt, ist Zuckersirup, auch Läuterzucker genannt, unentbehrlich, um Mixgetränke zu süßen. Die Zuckerlösung kann zudem beliebig aromatisiert werden.

## ZUCKERSIRUP

500 g Zucker (normaler weißer Haushaltszucker) wird mit ½ l Wasser erhitzt. Bei milder Hitze 15 Minuten leise köcheln lassen. Den Sirup noch heiß durch einen Trichter in eine ausgekochte Flasche füllen, verschließen und abkühlen lassen. Die Flasche gegebenenfalls abwaschen, denn der Sirup ist sehr klebrig! Er hält sich auch ungekühlt mehrere Monate.

Kocht man den Zucker und das Wasser nur 2–3 Minuten, so lange, bis sich der Zucker vollständig aufgelöst hat, erhält man ganz schnell einen etwas leichteren Sirup. Er kann, in heiß ausgespülten Flaschen, im Kühlschrank mehrere Wochen aufbewahrt werden. Auch hier gilt: Die Flaschen gut abwaschen und den Verschluss sauber halten.

## MINZESIRUP

Dafür 1 kleine Handvoll gewaschene und gut abgetropfte frische Minzeblätter in den frisch gekochten heißen Zuckersirup geben, einrühren und 15–20 Minuten darin ziehen lassen. Anschließend durch ein feines Sieb abgießen und in Flaschen abfüllen. Am besten das Sieb gleich über den Trichter setzen, dann geht alles in einem Arbeitsgang.

## ZITRONENSIRUP

Den Saft und die abgeriebene Schale von 2 Bio-Zitronen in den heißen Zuckersirup einrühren, noch mal aufkochen und 20 Minuten ziehen lassen. Den Sirup durch Sieb und Trichter abgießen und in Flaschen füllen.

## HOLUNDERBLÜTENSIRUP

Es lohnt sich, diesen Sirup, der ein unvergleichliches Aroma hat, zu Beginn des Sommers selbst herzustellen. Dafür 1 gute Handvoll frisch gesammelte Holunderblüten mit 500 g Zucker, 1 gestrichenen EL Zitronensäure (aus der Apotheke) und ½ l abgekochtem kaltem Wasser in ein hohes Gefäß geben. Mit dünnen Scheiben von 1 Bio-Zitrone bedecken und mit einem passenden Teller beschweren, so dass nichts aus der Flüssigkeit herausragt. Zugedeckt 14 Tage kühl stellen, dabei alle 2–3 Tage umrühren. Danach sollte sich der Zucker aufgelöst haben. Den Sirup in ausgekochte Flaschen absieben und abfüllen. Kühl aufbewahrt ist er einige Monate haltbar.

[a]

# DAS IST
## *wirklich*
### WICHTIG

**[a] DIE INGWERWURZEL** sollte so fest und prall sein, dass beim Abschälen dann auch etwas Ingwersaft austritt.

**[b] ZUCKER** Verwenden Sie Rohrrohrzucker oder ersatzweise Krümelkandis für die Limonade. Denn der leicht malzige Geschmack harmoniert gut mit dem Ingwer-Aroma.

# INGWER-LIMONADE
## *very British*

DER INGWER BRINGT LEICHTE SCHÄRFE IN DAS TYPISCH ENGLISCHE ERFRISCHUNGS-
GETRÄNK. PUR ODER MIT EINEM SCHUSS ALKOHOL – IMMER EIN GENUSS!

### Für ca. 1 l Limonade

120 g frischer Ingwer

1 Zitrone

4 Gewürznelken

75 g Rohrohrzucker

¼ l Wasser

1 Flasche gut gekühltes Mineralwasser mit Kohlen-säure (750 ml)

### Zeitbedarf

- 15 Minuten +
  30 Minuten ziehen +
  2 – 3 Stunden kühlen

### So geht's

1. Die Ingwerwurzel schälen [→a] und in feine Scheiben schneiden. Die Zitrone auspressen. Beides zusammen mit den Nelken, dem Zucker [→b] und dem Wasser in einen Topf geben. Erhitzen und 2 – 3 Minuten sprudelnd kochen lassen. Vom Herd nehmen, den Sud 30 Minuten durchziehen und abkühlen lassen.

2. Den Limonadenansatz in einem großen Gefäß mit dem Mineralwasser auffüllen, verrühren und anschließend entweder gleich servieren oder in Flaschen abfüllen, gut verschließen und kalt stellen.

### Die Variante

**Rhabarber-Limonade**
500 g Rhabarber waschen und schälen, in fingerdicke Scheiben schneiden. Mit ¼ l Wasser, 100 g Zucker und der Schale von ½ Bio-Zitrone in einen Topf geben. Erhitzen und 20 Minuten leise köcheln lassen. In ein Sieb abgießen, die Flüssigkeit auffangen. Den Sirup je nach Säure des Rhabarbers eventuell nochmals mit Zucker abschmecken. Mit 1 Flasche Mineralwasser (750 ml) aufgefüllt ergibt das Rezept dann ca. 1,2 l Limonade.

**SO SCHMECKT'S AUCH** Beide Limonaden werden ganz schnell zum Cocktail: 2 – 3 Eiswürfel in ein Glas geben, 2 cl Gin oder Campari (passt besonders gut zum Rhabarber) dazugießen und mit der Limonade auffüllen.

# HOLUNDER-LIMONADE
## *mit Zimt & Piment*

SIND DIE GESCHMACKSINTENSIVEN HOLUNDERBEEREN GEGEN ENDE DES SOMMERS REIF, SOLLTE MAN DARAUS UNBEDINGT EINEN SAFT KOCHEN!

### Zutaten für 2 l Limonade

500 g frisch geerntete Holunderbeeren

½ Stange Zimt

4 Pimentkörner

Schale von ½ Bio-Zitrone

100 g Zucker

½ l Wasser

2 Flaschen gut gekühltes Mineralwasser mit Kohlensäure (je 750 ml)

### Zeitbedarf
- 30 Minuten + 3–4 Stunden kühlen

### So geht's

1. Die Beeren nur wenn unbedingt nötig waschen, die Blätter abschneiden oder abzupfen. Ansonsten die Beeren an den Dolden belassen [→a]. Alles in einen großen Topf geben.

2. Die Gewürze, die Zitronenschale, den Zucker und das Wasser hinzufügen, erhitzen und bei milder Hitze 20 Minuten köcheln lassen. In ein Sieb abgießen und den Saft auffangen. Die Beeren gut ausdrücken [→b]. Den Holundersaft abkühlen lassen, dann im Kühlschrank kalt stellen.

3. Den Holundersaft in einem Krug mit dem Mineralwasser mischen. Entweder gleich servieren, am besten mit einigen Eiswürfeln, oder in Flaschen abfüllen und diese gut verschlossen im Kühlschrank aufbewahren. Die Limonade hält sich dort 4–5 Tage.

**BITTE BEACHTEN:** Holunderbeeren nicht in rohem Zustand genießen. Sie sollten vor dem Verzehr gekocht werden, um Magen- und Darmbeschwerden zu vermeiden.

# DAS IST *wirklich* WICHTIG

...............................................................

**[a] HOLUNDER** Dicke Blattstiele und Blätter entfernen, da sie dem Holundersaft einen leichten Bitterton geben können. Die Beeren aber nicht abzupfen, das wäre eine mühevolle und unnötige Arbeit!

**[b] HOLUNDERSAFT** Mit einer Schöpfkelle lässt sich am besten Druck auf die Beeren im Sieb ausüben, damit der Saft zügig herausfließen kann.

**[b]**

[a]

# DAS IST *wirklich* WICHTIG

**[a] KRÄUTER-EISWÜRFEL** Auf die angefrorenen Würfel in der Größe passende Melisseblättchen legen. Mit Wasser, am besten mit einer Kanne, in dünnem Strahl auffüllen. Die Eiswürfel dann im Gefrierschrank in etwa 2 Stunden fest werden lassen.

# KRÄUTER-LIMONADE
## *mit Rosmarin*

EIN AROMATISCHER GENUSS: GARTENKRÄUTER WIE ZITRONENMELISSE SIND IDEAL, UM DARAUS EINE ERFRISCHENDE LIMONADE ZUZUBEREITEN.

## Zutaten für 6–8 Gläser

2 Bund Zitronenmelisse

1 kleiner Zweig Rosmarin

½ l Wasser

50–75 g Zucker

1 l gut gekühltes Mineral-wasser mit Kohlensäure

etwas Zitronensaft

## Zeitbedarf
- 10 Minuten +
  3–4 Stunden kühlen

## So geht's

1. Die Zitronenmelisse und den Rosmarin waschen und trocken schütteln. Eine kleine Handvoll Melisseblättchen zum Garnieren beiseitestellen. Den Rest der Kräuter grob hacken. Alles in ein Gefäß geben. Das Wasser aufkochen, über die Kräuter gießen und abgedeckt 5 Minuten ziehen lassen.

2. Den Aufguss durch ein Sieb abgießen und mit Zucker ganz nach Geschmack süßen. Abkühlen lassen und anschließend kalt stellen.

3. In der Zwischenzeit eine Eiswürfelschale zur Hälfte mit Wasser füllen und im Gefrierschrank ca. 1 Stunde fest werden lassen. Herausnehmen, Melisseblättchen auflegen, mit Wasser auffüllen und nochmals einfrieren [→a].

4. Den Kräutersud mit dem kalten Mineralwasser mischen und mit Zitronensaft abschmecken. Kräuter-Eiswürfel in Gläser füllen, die Limonade darübergießen und mit frischen Melisseblättchen garnieren.

## Die Variante

### Minze-Limonade
Dafür statt der Zitronen-melisse frische Ananas-minze, Erdbeerminze, Pfirsichminze oder Scho-kominze verwenden. Mit einigen frischen Frucht-stückchen, die direkt vor dem Servieren ins Glas gelegt (z. B. Erdbeeren, Pfirsich- oder Aprikosen-spalten) und dann mit der Limonade aufgegossen werden, wird daraus ein attraktiver Drink.
Im Verhältnis 1:1 mit Pro-secco oder Sekt gemischt, ergibt die Limonade einen wunderbaren Aperitif für Gartenfeste.

# KIRSCH-LIMONADE
## *mit Sauerkirschen*

SCHÖN SÄUERLICH UND SO RICHTIG ERFRISCHEND: SCHMECKT PUR ODER
AUCH MAL GANZ SCHNELL MIT LIKÖR ZU EINEM COCKTAIL GEMIXT.

### Zutaten für 6 – 8 Gläser

500 g Sauerkirschen

100 g Zucker

¼ l Wasser

3 Gewürznelken

3 Pimentkörner

1 l gut gekühltes Mineralwasser
mit Kohlensäure

etwas Zitronensaft

### Zeitbedarf
- 20 Minuten +
  3 – 4 Stunden kühlen

### So geht's

1. Die Kirschen waschen und die Stiele entfernen. Die Früchte mit
   Zucker, Wasser und den Gewürzen in einem Topf zum Kochen
   bringen. Ca. 10 Minuten leise köcheln lassen.

2. In ein Sieb abgießen, den Saft dabei auffangen. Die Früchte gut
   ausdrücken. Den Saft abkühlen lassen, anschließend kalt stellen.
   Im elektrischen Entsafter kann der Saft auch auf kaltem Weg gewonnen werden, dafür die Kirschen aber am besten vorher entkernen.

3. Kurz vor dem Servieren die Limonade entweder in einem großen
   Krug mit dem Mineralwasser mischen oder nacheinander direkt in
   die Gläser gießen [→a].

**FÜR EINEN KIRSCH-COCKTAIL** die Limonade nach Rezept zubereiten und
kalt stellen. 1 gute Handvoll Sauerkirschen für ca. 1 Stunde ins Gefrierfach
legen. Die angefrorenen Kirschen in Gläser verteilen, einen guten Schuss
Grenadine (Granatapfellikör) oder Kirschlikör dazugießen und mit der Limonade auffüllen.

## DAS IST *wirklich* WICHTIG

..............................................................

**[a] DRINK SERVIEREN** Beim Mischen im Glas immer zuerst das Mineralwasser einfüllen und dann erst den Saft dazugießen. So mischt sich die Limonade wie von selbst. Wird der Saft zuerst eingegossen, bleibt er durch sein Gewicht unten im Glas und das Wasser muss dann untergerührt werden.

[a]

# KALT GESTELLT!

## *Eiswürfel & Co.*

Für erfrischende Getränke sollten die Zutaten rechtzeitig kühl gestellt werden. Und für die meisten Drinks sind Eiswürfel oder Crushed Ice ein Muss.

## ZUTATEN KÜHLEN

Nicht nur die flüssigen Zutaten sollten für die Zubereitung von Drinks gut gekühlt sein, auch Früchte und Gemüse lassen sich meist besser schälen und verarbeiten, wenn sie direkt aus dem Kühlschrank kommen. Smoothies und Shakes werden cremiger, wenn das vorbereitete Obst leicht angefroren wird. Dafür circa 1 Stunde auf einem Teller ausgebreitet ins Gefrierfach stellen. Vor allem Smoothies bekommen eine besonders schöne, cremige Konsistenz, wenn auch einige Eiswürfel untergemixt werden. Die Würfel jedoch nicht von Anfang an mitmixen, sondern erst dazugeben, wenn Obst oder Gemüse schon etwas zerkleinert sind.

## EISWÜRFEL

Man sollte sie immer auf Vorrat im Tiefkühlfach haben. Sie kühlen die Drinks beim Mixen und im Glas halten sie Getränke länger kühl. Neben den üblichen eckigen Würfeln gibt es Schalen und Eiswürfelbeutel mit den verschiedensten Formen.

Mit essbaren Blüten und Blättern oder mit Fruchtstückchen lassen sich besonders attraktive Eiswürfel herstellen, die vor allem in klaren Drinks besonders dekorativ wirken. Dafür die Eiswürfelschalen nur zur Hälfte mit Wasser füllen und anfrieren lassen. Dann Blüten, Früchte oder Kräuter darauf verteilen, mit Wasser auffüllen und gefrieren lassen.

## CRUSHED ICE

Für das fein zerstoßene Eis gibt es Spezialtüten zu kaufen, bei denen das gefrorene Wasser beim Entnehmen schon in kleine Stückchen zerfällt. Größere Mengen Crushed Ice gibt es auch bereits fertig in Beuteln im Supermarkt zu kaufen. Man kann auch Eiswürfel in feste Gefrierbeutel füllen und mit einem Fleischklopfer zerstoßen.

## KÜHLSTEINE

Mit größeren Kieselsteinen lassen sich Drinks ebenfalls sehr gut kühlen. Die Steine müssen natürlich absolut sauber sein. Nach einigen Stunden im Gefrierfach bleiben sie eine ganze Weile schön kühl und sehen im Glas oder in einer großen Bowlenschale sehr dekorativ aus. Die Steine vorsichtig einlegen, damit das Glas nicht zerspringt.

# DAS IST *wirklich* WICHTIG

**[a] DIE ORANGE** längs zum Stielansatz mit einem großen Messer halbieren. Die Hälften dann in dünne Scheiben schneiden. Dabei die Kerne entfernen, damit sie im Eistee nicht stören.

**[b] DIE MINZE** mit einem großen Messer oder einer Wiege grob hacken. Die Minzeblätter können auch zusammen mit dem Tee aufgebrüht werden, das Aroma ist dann nicht ganz so intensiv.

[a]

# EARL-GREY-EISTEE
## *mit frischer Minze*

GENAU DAS RICHTIGE FÜR HEISSE TAGE: AM VORABEND ANGESETZT KANN DER EISTEE ÜBER NACHT IM KÜHLSCHRANK GUT DURCHKÜHLEN.

### Zutaten für 6–8 Gläser

3 gehäufte EL Earl-Grey-Tee oder 5–6 Teebeutel

1 ½ l Wasser

2–3 EL Zucker

1 Bio-Orange

1 Handvoll frische Minzeblätter

frisch zerstoßenes Eis für die Gläser

### Zeitbedarf

- 10 Minuten + mind. 3–4 Stunden kühlen

### So geht's

1. Den Tee in einem hohen Gefäß mit kochendem Wasser übergießen. 3 Minuten ziehen lassen, dann durch ein Sieb abgießen. Den Tee mit Zucker abschmecken.

2. Die Orange heiß abwaschen, halbieren, dann in feine Scheiben schneiden [→a]. In den noch heißen Tee geben. Abgedeckt abkühlen lassen, dann am besten über Nacht im Kühlschrank kalt stellen.

3. Die Minzeblätter waschen und zwischen Küchenpapier trocknen. Auf ein Küchenbrett legen und hacken [→b]. Hohe Saftgläser zur Hälfte mit zerstoßenem Eis füllen, die Minze darauf verteilen. Mit dem eiskalten Tee auffüllen und mit einem dicken Strohhalm servieren. Die Orangenscheiben ganz nach Belieben ebenfalls mit ins Glas geben.

**FÜR GRÜNEN EISTEE** 2 gehäufte EL getrocknete Eisenkrautblätter (Verbene) und 2 EL grünen Tee mit 1 ½ l kochendem Wasser überbrühen. Zugedeckt 3–4 Minuten ziehen lassen, durch ein Sieb abgießen. Dann mit 2–3 EL Rohrohrzucker und Zitronensaft abschmecken. Abkühlen lassen und kalt stellen. Mit Zitronenachteln und zerstoßenem Eis servieren.

# PFIRSICH-EISTEE

## *fruchtig-erfrischend*

ZUM WEGWERFEN VIEL ZU SCHADE: AUCH AUS ÜBERREIFEN FRÜCHTEN LÄSST SICH PRIMA EIN TRENDIGES ERFRISCHUNGSGETRÄNK ZUBEREITEN.

### Zutaten für 1½ l Eistee

750 g sehr reife Pfirsiche

2–3 EL Zucker

Schale von ½ Bio-Zitrone

knapp 1 ½ l Wasser

4 Teebeutel heller Früchtetee, z. B. Apfel-Ingwer

1 Prise Kardamom

1 Prise Muskatblüte

etwas Zitronensaft

Eiswürfel zum Servieren

### Zeitbedarf

- 30 Minuten +
  3 – 4 Stunden kühlen

### So geht's

1. Die Pfirsiche waschen, eventuell dunkle Stellen herausschneiden. Die Früchte halbieren und die Kerne entfernen. Das Fruchtfleisch grob zerkleinern, in einem Topf mit 2 EL Zucker bestreuen. Die Zitronenschale in ganzen Stücken dazugeben, mit ¾ l Wasser auffüllen. Erhitzen, dann bei milder Hitze 20 Minuten leise köcheln lassen.

2. Alles in ein Sieb abgießen und den Saft auffangen. Mit Zucker nach Belieben abschmecken. Abkühlen lassen und anschließend kalt stellen.

3. Das restliche Wasser aufkochen und den Früchtetee zusammen mit den Gewürzen überbrühen. Ca. 5 Minuten ziehen lassen, die Teebeutel entfernen. Abkühlen lassen.

4. Pfirsichsaft und Früchtetee mischen, eventuell nochmals mit etwas Zucker und mit Zitronensaft abschmecken. Mit zerstoßenem Eis oder Eiswürfeln in Gläsern servieren.

**SO SCHMECKT'S AUCH** Die Auswahl an Teesorten, die man dafür verwenden kann, ist groß – probieren Sie einfach aus, welche Mischung Ihnen am besten schmeckt. Und wenn es schnell gehen soll, darf`s auch ein guter Saft aus der Flasche sein!

# MELISSE-EISTEE
## *mit Trauben*

FEINER WEISSER TEE AUS CHINA GIBT DEM EISTEE SEIN BESONDERES AROMA UND DIE SCHÖNE HELLE FARBE. ZITRONENMELISSE PASST PERFEKT DAZU.

### Zutaten für 6–8 Gläser

1 Bund Zitronenmelisse

3 EL weißer Tee oder 4–5 Teebeutel

1 ½ l Wasser

2–3 EL Zucker

1 Handvoll kleine helle Trauben

zerstoßenes Eis zum Servieren

### Zeitbedarf
- 10 Minuten + 3–4 Stunden kühlen

### So geht's

1. Die Zitronenmelisse waschen und trocken schütteln. Ein paar schöne Blätter für die Dekoration beiseitestellen. Die restliche Melisse grob hacken und in eine Kanne oder einen Krug geben.

2. Den weißen Tee in ein zweites Gefäß geben. Das Wasser zum Kochen bringen, eine Hälfte über die Melisse gießen. Den Rest stehen lassen und erst nach 2 Minuten über den weißen Tee gießen (das Wasser sollte ca. 70 °C haben).

3. Die Minze 6–7 Minuten, den weißen Tee etwa 4 Minuten ziehen lassen. Beides abseihen und in einem großen Krug mischen. Mit Zucker abschmecken, abkühlen lassen und anschließend im Kühlschrank kalt stellen..

4. Die übrigen Melisseblättchen abwechselnd mit den gewaschenen Trauben auf Zahnstocher spießen. Den Eistee über zerstoßenes Eis in Gläser gießen, mit den Fruchtspießen dekorieren.

### Die Variante

#### Roter Eistee
3 gehäufte EL Früchtetee mit 1 l kochendem Wasser übergießen, 6 Minuten ziehen lassen, dann abseihen und mit Zucker abschmecken. Den Tee abkühlen lassen. In einem großen Krug mit ½ l Kirschsaft und dem Saft von 1 ausgepressten Orange vermischen. Gläser zur Hälfte mit zerstoßenem Eis füllen, den Eistee darübergießen. Mit 1 Orangenscheibe garnieren und sofort servieren. Das ergibt 6 große Gläser.

**SO SCHMECKT'S AUCH** Die doppelte Menge weißen Tee zubereiten und abkühlen lassen. Nach Geschmack mit Zucker oder Honig süßen. 1 gute Handvoll Melisseblätter mit 2 Tassen Eiswürfeln im Mixer zerkleinern. In Gläser verteilen und mit dem kalten Tee auffüllen.

# DAS IST *wirklich* WICHTIG

[a] **DIE TAPIOKA-PERLEN** sollten glasig sein, in der Mitte darf nur noch ein winziger weißer Punkt zu sehen sein. In einem Schälchen gleich mit Fruchtsaft oder Läuterzucker übergießen, damit die Perlen nicht verklumpen, sondern später löffelweise entnommen werden können.

[a]

# MINI-BUBBLE TEA

## *mit Passionsfrucht*

DAS ASIATISCHE TREND-GETRÄNK, DAS AUCH HIERZULANDE ANGEBOTEN WIRD, LÄSST SICH, LEICHT ABGEWANDELT, AUCH ZU HAUSE ZUBEREITEN.

### Für 4 Gläser à 250 ml

2 gehäufte EL Tapioka-perlen (Asia-Laden)

½ l Wasser

1 gute Prise Zucker

⅛ l Passionsfruchtsaft oder Multivitaminsaft

50 ml Zuckersirup (siehe Seite 67)

½ l kalter, gesüßter grüner Tee

⅜ l kalte Milch

2 Tassen zerstoßenes Eis

### Zeitbedarf

- 20 Minuten +
  2–3 Stunden kühlen

### So geht's

1. Die Tapiokaperlen in das kochende Wasser geben, leicht zuckern und 18–20 Minuten weich kochen. In ein Sieb abgießen, kalt abschrecken und in ein Schälchen schütten. Mit dem Fruchtsaft und dem Zuckersirup übergießen und abkühlen lassen [→a].

2. Kurz vor dem Servieren die Tapiokaperlen umrühren, je 2 EL davon in 4 Gläser geben. Den Tee mit der Milch und dem Eis im Mixer oder mit dem Pürierstab durchmixen. Eventuell mit etwas Zuckersirup abschmecken.

3. Die Gläser mit dem Bubble Tea füllen und mit einem dicken Strohhalm servieren, durch den man die Perlen saugen kann.

### Die Variante

**Creamy Assam**
2 EL gekochte Tapiokaperlen in Zuckersirup einlegen. Aus 2 EL Assamtee (oder 4 Teebeuteln) mit ¾ l Wasser einen starken Tee zubereiten. Abgießen, nach Geschmack süßen und mit Kardamom und Zimt würzen. Gut durchkühlen. Vor dem Servieren mit ¼ l Soja-Milch und 2 Tassen zerstoßenem Eis mixen. Die Perlen in Gläser füllen, mit der Tee-Soja-Mischung auffüllen, mit etwas Zimt bestreuen und servieren.

# DARJEELING'S DARLING
## *mit Vanilleeis*

AUS KALTEM TEE MIT MILCH, GEWÜRZT MIT MUSKATBLÜTE UND PIMENT UND
MIT VANILLEEIS AUFGEMIXT, WIRD EIN GANZ BESONDERES GETRÄNK!

### Zutaten für 4 Gläser à 250 ml

3 TL Darjeeling-Tee oder
4 Teebeutel

¾ l Wasser

2–3 TL Honig

⅛ l Milch

½ Becher Sahne (ca. 100 ml)

gem. Muskatblüte und Piment

4 Kugeln Vanilleeis

evtl. zerstoßenes Eis und Sahne
zum Garnieren

### Zeitbedarf
- 10 Minuten +
  2–3 Stunden kühlen

### So geht's

1. Den Tee mit kochendem Wasser übergießen und 3–4 Minuten ziehen lassen. Danach abgießen und mit Honig nach Geschmack süßen. Den Tee abkühlen lassen, dann für mindestens 2 Stunden kalt stellen.

2. Kurz vor dem Servieren Milch und Sahne unter den Tee mischen. Mit Muskatblüte und Piment kräftig würzen. Portionsweise je 1 Kugel Vanilleeis mit einem Viertel der Teemischung kurz im Mixer aufschäumen.

3. Eventuell je 1 EL zerstoßenes Eis in die Gläser füllen und den Eistee darübergießen. Mit etwas Piment bestäuben, nach Belieben noch mit etwas geschlagener Sahne garnieren und den Eistee sofort servieren.

**GREEN PASSION** Pro Portion 1 Tasse grünen Tee zubereiten, mit Zucker nach Geschmack süßen, abkühlen lassen. 2–3 Eiswürfel mit dem Tee und mit ½ Tasse Passionsfrucht- oder Maracujasaft in den Mixer geben und gut durchmixen. Sofort servieren.

# EISTEE MIT MINZE

## *besonders erfrischend*

FRISCHER ORANGENSAFT, KÜHLE MINZE UND STARKER SCHWARZTEE SIND DIE ZUTATEN FÜR DEN KLASSISCHEN EISTEE, DER SICH PRIMA VORBEREITEN LÄSST.

### Zutaten für 6–8 Gläser

1 gute Handvoll frische Minzeblätter

3 gehäufte EL Ceylon- oder Assamtee oder 6 Teebeutel

1 ¼ l Wasser

2–3 EL Rohrrohrzucker

4 Orangen, davon 1 Bio-Orange

etwas Zitronensaft

2–3 EL Zuckersirup (siehe Seite 67)

Eiswürfel zum Servieren

### Zeitbedarf
▪ 10 Minuten +
  3–4 Stunden kühlen

### So geht's

1. Die Minzeblätter klein schneiden. Die Teeblätter oder die Teebeutel zusammen mit der klein geschnittenen Minze in ein großes Gefäß geben. Mit kochendem Wasser übergießen und 5 Minuten ziehen lassen. Den Tee durch ein Sieb abgießen, nach Geschmack süßen und abkühlen lassen. Anschließend kalt stellen.

2. Die Bio-Orange waschen und in dünne Scheiben schneiden. Die übrigen Orangen auspressen. Orangenscheiben und -saft in den Tee geben. Mit etwas Zitronensaft und Läuterzucker abschmecken.

3. Je 2–3 Eiswürfel in Gläser verteilen, den Tee darübergießen und mit den Orangenscheiben servieren.

### Die Variante

#### Geeister Ingwertee
Für 6 Portionen 6 Beutel Kräutertee (nicht aromatisiert, gibt es in allen möglichen Geschmacksrichtungen, z. B. Orangenblüten-Ingwer oder Verbene-Zitronengras), nach Packungsanweisung zubereiten, dabei 50 g in Scheiben geschnittenen frischen Ingwer mitziehen lassen. Abgießen, nach Geschmack süßen und abkühlen lassen. Zum Servieren dann große Gläser zur Hälfte mit Eiswürfeln füllen, den kalten Tee darübergießen. Quer über das Glas ein kandiertes Ingwerstäbchen legen.

UNBEHANDELTE ORANGEN sind nicht immer erhältlich, in diesem Fall die Orangenscheiben einfach weglassen. Und mit einem guten Orangensaft aus der Flasche schmeckt der Tee natürlich auch!

85

# SHAKES
## *mit Milch, Joghurt & Co.*

VON CREMIG-SÜSS BIS SÄUERLICH-PIKANT: AUS MILCHPRODUKTEN LASSEN SICH MIT FRÜCHTEN, ABER AUCH MIT KAFFEE ODER TEE GANZ SCHNELL UND EINFACH FEINE DRINKS MIXEN.

# ERDBEER-SHAKE
## *mit Schokobeeren*

AROMATISCHE ERDBEEREN UND KALTE MILCH – VIEL MEHR BRAUCHT
MAN NICHT, UM DIESEN WOHLSCHMECKENDEN SOMMERDRINK ZU MIXEN.

**Zutaten für 2 Gläser à 250 ml**

250 g Erdbeeren

100 g dunkle Kuvertüre

300 ml kalte Milch

2–3 EL Zuckersirup
(siehe Seite 67)

etwas Zitronensaft

1 EL fein gehackte Pistazienkerne

**Zeitbedarf**
▪ 15 Minuten

**So geht's**

1. Die Erdbeeren waschen, auf einem Küchentuch ausbreiten
   und abtropfen lassen. 6–8 schöne kleine Beeren beiseitelegen.
   Von den restlichen Beeren die Blätter abzupfen, die Früchte je
   nach Größe halbieren oder vierteln.

2. Die Kuvertüre hacken und im Wasserbad bei milder Hitze schmelzen. Die Erdbeeren eintauchen, auf Alufolie oder Backpapier setzen und trocknen lassen [→a]. Die übrige Kuvertüre fest werden
   lassen und bis zum Wiederverwenden kühl stellen.

3. Die Erdbeeren mit der Hälfte der Milch im Mixer oder mit dem
   Pürierstab ganz fein pürieren. Die restliche Milch zufügen und
   ebenfalls untermixen. Den Erdbeer-Shake mit Zuckersirup und
   Zitronensaft abschmecken. In Gläser füllen und mit den gehackten
   Pistazien bestreuen.

4. Je 2 Erdbeeren auf einen kleinen Holzspieß stecken und über den
   Glasrand legen. Die übrigen Beeren auf einem Teller anrichten
   und zum Shake servieren.

**FÜR EINEN ERDBEER-JOGHURT-SHAKE** 200 g zerkleinerte Erdbeeren mit
150 g Joghurt und 150 ml Milch im Mixer oder mit dem Pürierstab fein pürieren. Je nach Süße der Beeren eventuell etwas Honig oder Ahornsirup
mitmixen. Mit einem Spritzer Zitronensaft abschmecken, in 2 Gläser füllen
und sofort servieren.

[a]

## DAS IST
### *wirklich*
#### WICHTIG

[a] **DIE KUVERTÜRE** mit einem großen Messer in kleine Stücke hacken, dann schmilzt sie gleichmäßiger. Das Schälchen etwas schräg stellen, damit sich die Schokolade sammeln und man die Beeren dann gut eintauchen kann.

# MILCH-SHAKES
*die cremige Versuchung*

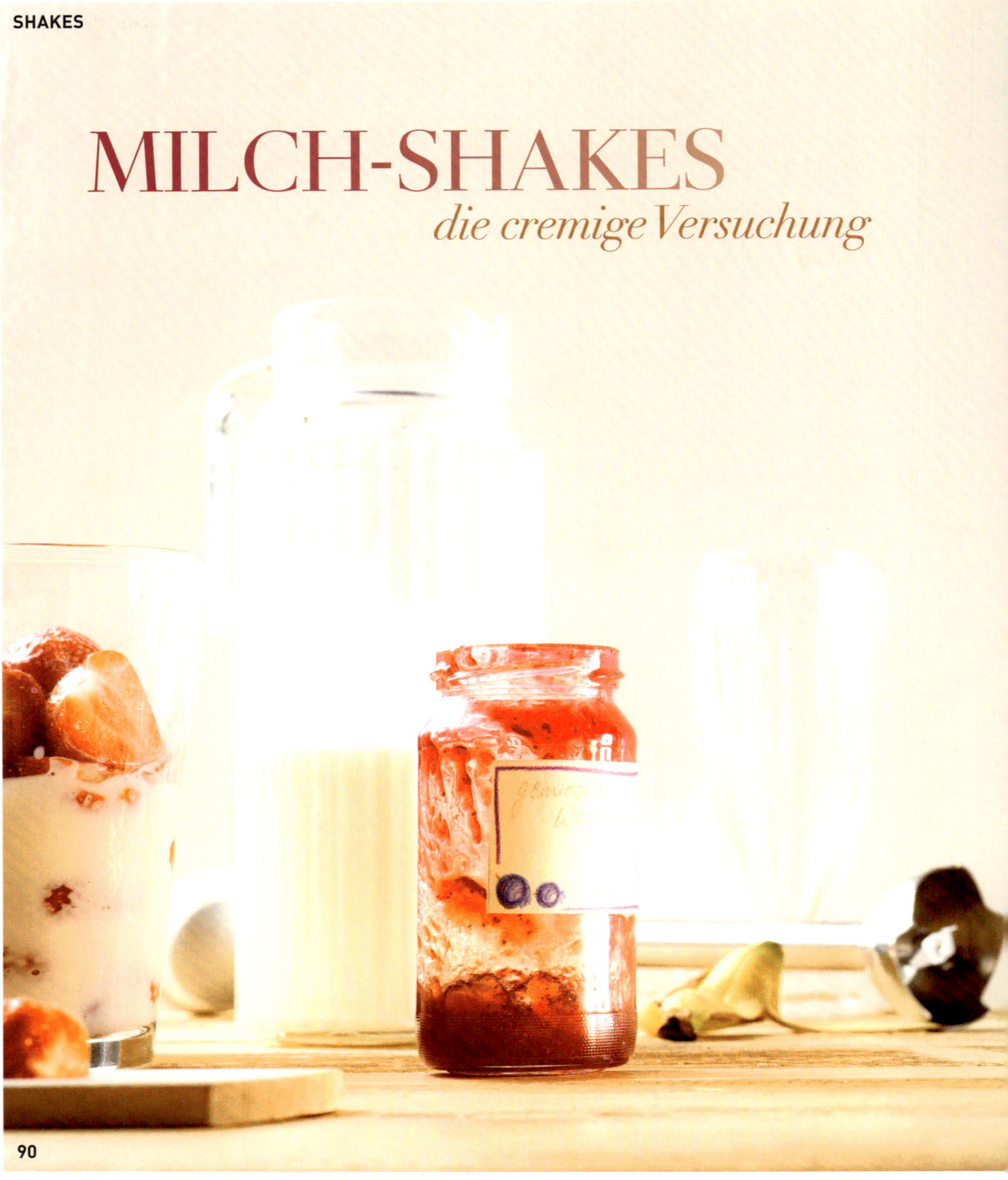

Sie sind unkompliziert, schnell zuzubereiten und nicht nur bei Kindern beliebt. Mit Früchten, Eis, Schokolade, Kaffee, Tee und auch mal mit einem Schuss Alkohol lassen sich mit den verschiedenen Milchprodukten köstliche und gesunde Shakes zubereiten.

## MILCHPRODUKTE

Vollmilch oder Magermilch? Zwei Gründe sprechen für die fettreichere Milch: Sie unterstützt die Aufnahme fettlöslicher Vitamine aus den Früchten, die man für die Mixgetränke verwendet. Und zudem ist das Milchfett immer auch ein Aromaträger, der Geschmack der Drinks wird dadurch voller. Wer allerdings auf Kalorien achten will, kann natürlich alle Rezepte auch mit fettreduzierten Milchprodukten zubereiten.

Die Auswahl an Milchprodukten ist groß, auch Buttermilch, Dickmilch, Kefir oder Joghurt sind sehr gut geeignet. Die leichte Säure macht die Drinks besonders erfrischend und die Konsistenz wird sämig. Nach Belieben lassen sich diese Shakes auch mit etwas Mineralwasser, Magermilch oder Molke verdünnen. Probieren Sie einfach mal mit Ihrer Lieblingsfrucht aus, mit welchem Milchprodukt sie Ihnen am besten schmeckt. Vorsicht bei Ananas und Kiwi: Milch-Shakes, die mit diesen Früchten zubereitet werden, sollte man sofort trinken. Denn sie enthalten spezielle Enzyme, die bei längerem Kontakt mit Milchprodukten unangenehme Bitterstoffe freisetzen.

## DIE RICHTIGE KONSISTENZ

Beim Mixen mit Magermilch oder Trinkmolke (sie haben einen natürlichen Fettgehalt von höchstens 0,3 %) kann es sein, dass der Drink zu flüssig wird. In diesem Fall einfach die Fruchtmenge erhöhen oder 1 kleine geschälte Banane mitmixen. Man kann den Drink auch ein wenig „andicken". Dafür eignet sich Guarkernmehl (es wird aus den Samen der Guarbohne gewonnen) besonders gut. Pro Portion 1 Messerspitze davon in den fertig gemixten Drink streuen. Die Menge ist ausreichend, der Drink wird mit der Zeit immer sämiger. Dann noch mal kräftig durchmixen, unterrühren mit dem Löffel reicht nicht aus.

## FEINE „RESTSÜSSE"

Sie kennen das sicher: Im Marmeladenglas bleibt immer ein Rest, den man nur schwer herausbekommt. Einfach das Glas zu gut zwei Dritteln mit Milch (Buttermilch, Kefir etc.) füllen, gut verschließen und kräftig schütteln. Die Reste lösen sich und die damit vermischte Milch kann jetzt für die Zubereitung von fruchtigen Drinks verwendet werden.

# STACHELBEER-SHAKE
## *mit Molke*

OB DER DRINK HELLGRÜN ODER LEICHT ROSÉ WIRD, HÄNGT VON DER FARBE
DER BEEREN AB – SCHÖN REIF SOLLTEN SIE AUF ALLE FÄLLE SEIN.

### Für 2 Gläser à 250 ml

- 200 g reife Stachelbeeren
- 2–3 EL flüssiger Honig oder Ahornsirup
- 300 ml Molke
- etwas gem. Zitronengras oder abgeriebene Zitronenschale
- 4–5 Minzeblättchen

### Zeitbedarf

- 15 Minuten

### So geht's

1. Die Stachelbeeren waschen und in einem Sieb abtropfen lassen. Mit einem kleinen scharfen Messer Stiel- und Blütenansatz entfernen. Die Beeren in den Mixer geben und fein pürieren. Mit Honig oder Ahornsirup süßen, nochmals durchmixen.

2. Die Molke in 2–3 Portionen nach und nach dazugießen, immer wieder gut durchmixen. Mit Zitronengras oder abgeriebener Zitronenschale und eventuell noch mit etwas Honig oder Sirup abschmecken.

3. Den Stachelbeer-Drink in Gläser füllen und mit Minzeblättchen garnieren. Sofort servieren.

### Die Variante

**Mango-Bananen-Shake**
Das Fruchtfleisch von ½ Mango in Würfel schneiden. Zusammen mit 1 geschälten und klein geschnittenen Banane in den Mixer geben, 200 g Joghurt und 150 ml Milch dazugeben und fein pürieren. Mit etwas Zuckersirup (siehe Seite 67) oder Puderzucker (löst sich besser auf als Kristallzucker) und Zitronensaft abschmecken. In 2 Gläser füllen und mit einem dicken Strohhalm servieren.

**NACH DEM PÜRIEREN** können im Drink immer noch Kerne und kleine Schalenstücke zurückbleiben. Wenn das stört, einfach kurz durch ein Sieb streichen, dann bleibt der „Trester" zurück.

# BANANEN-SHAKE
## *mit Nougat*

DER DRINK IST BLITZSCHNELL ZUBEREITET UND BEKOMMT IM GLAS DURCH VORSICHTIGES UMRÜHREN EINEN RAFFINIERT-MARMORIERTEN LOOK.

### Für 2 Gläser à 250 ml

2 reife Bananen (ca. 250 g)

350 ml kalte Milch

etwas Zitronensaft

2 EL Nuss-Nougat-Creme

1 TL dunkle Schokoladen-streusel

### Zeitbedarf
- 10 Minuten

### So geht's

1. Die Bananen schälen, in Scheiben schneiden und in einen hohen Becher geben.. Mit 250 ml Milch auffüllen und mit dem Pürierstab sehr fein pürieren. Die Bananenmilch mit etwas Zitronensaft abschmecken. In 2 Gläser verteilen.

2. Die restliche Milch in den Becher füllen und die Nuss-Nougat-Creme dazugeben. Kräftig durchmixen und die Gläser damit auffüllen. Mit einem langen Löffel die helle und dunkle Milchschicht spiralförmig so durchrühren, dass sie sich nicht vollständig vermischt, sondern dass ein Muster entsteht.

3. Den Bananen-Shake mit Schokostreuseln garnieren und sofort mit einem dicken Strohhalm servieren.

### Die Variante

**Kokos-Milch-Shake**
4 cl Kokoslikör in einen Suppenteller gießen, auf einem zweiten kleinen Teller 2–3 EL Kokosflocken verteilen. 2 Gläser mit der Öffnung nach unten in den Likör tauchen, dann gleich in die Kokosflocken, sodass ein weißer Kokosrand entsteht. Dann 250 ml Milch mit 150 ml Kokosmilch und dem Kokoslikör aus dem Suppenteller im Mixer oder mit dem Pürierstab kräftig mixen. In die vorbereiteten Gläser füllen und sofort servieren.

# FROZEN CAPPUCCINO
## *die Sommervariante*

DER ESPRESSO FÜR DEN CAPPUCCINO WIRD FRISCH ZUBEREITET, ABER MIT KALTER MILCH AUFGESCHÄUMT UND MIT ZERSTOSSENEM EIS SERVIERT.

### Zutaten für 1 Portion

1 doppelter Espresso

nach Belieben 1–2 TL Zucker oder Vanillezucker

4 Eiswürfel

125 ml kalte Milch

Zimt oder Kakao zum Bestäuben

### Zeitbedarf

- 10 Minuten

### So geht's

1. Einen doppelten Espresso zubereiten und nach Geschmack mit Zucker oder Vanillezucker süßen. Die Eiswürfel in einen Gefrierbeutel füllen, gut verschließen und mit einem Fleischklopfer zerkleinern. Das zerstoßene Eis in ein großes Glas oder in einen Becher füllen.

2. Die Milch in einen hohen Becher füllen und den Espresso dazugießen. Der Becher sollte maximal bis zur Hälfte mit der Milch-Espresso-Mischung gefüllt sein, damit beim Mixen nichts überläuft. Mit dem Pürierstab so lange gut durchmixen, bis eine kleine Schaumkrone entsteht.

3. Den kalten Cappuccino über das Eis gießen, mit etwas Zimt oder Kakao bestäuben und sofort servieren.

**SO SCHMECKT'S AUCH** 1 doppelten Espresso zubereiten und nach Belieben nur ganz leicht süßen. Mit 2 cl Mandellikör (oder Cognac, Rum, Whisky), 2 EL zerstoßenem Eis und 100 ml kalter Milch in einen hohen Becher füllen. Mit dem Pürierstab nur kurz durchmixen, sodass noch kleine Eisstückchen erhalten bleiben. In ein Glas füllen und sofort servieren.

# TEE & KAFFEE
*eiskalt serviert*

Für die Zubereitung der klassischen Heißgetränke, die wir jeden Tag nicht nur zum Frühstück genießen, braucht es eigentlich keine Anleitung. Soll Heißes aber kalt serviert werden, gibt es ein paar Dinge zu beachten.

## EISTEE ZUBEREITEN

Wird der Tee noch mit Fruchtsaft oder mit Zitrusfrüchten gemischt, sollte man eine etwas kräftigere Sorte wählen, z. B. einen indischen Assam, Ceylontee oder eine English-Breakfast-Mischung. Ob Teebeutel oder frische Teeblätter verwendet werden: Der Tee sollte immer etwas kürzer ziehen als sonst. Denn zu lange gezogener Tee kann durchs Abkühlen leicht bitter werden, das gilt auch für Früchtetee-Mischungen oder Kräutertees. Beim Abkühlen wird der Tee immer dunkler, auch ein ganz hell aufgebrühter weißer Tee verändert seine Farbe. Am besten bereitet man den Tee bereits am Vortag zu, dann hat er genügend Zeit zum Abkühlen und kann im Kühlschrank richtig durchkühlen.

Wenn es doch einmal ganz rasch gehen muss, lässt sich der Tee auch „abschrecken". Dafür eine Kanne ganz voll mit Eiswürfeln füllen, den heißen Tee eingießen und nach 2–3 Minuten wieder abgießen. Dabei wird der Tee natür-lich etwas „verwässert", deshalb darf er für diesen Fall auch ruhig etwas stärker aufgebrüht werden.

## EISKAFFEE ZUBEREITEN

Anders als bei der Eistee-Vorbereitung kann Kaffee in sehr konzentrierter Form zubereitet werden, z. B. als Espresso oder Mokka. Die kleinen Mengen brauchen nur kurze Zeit zum Abkühlen und die Zugabe von Eiswürfeln oder Eiscreme bringt das Mixgetränk ganz schnell auf die richtige Serviertemperatur. Will man allerdings mehrere Drinks gleichzeitig servieren, empfiehlt es sich auch hier, den Kaffee bereits am Vortag zuzubereiten und im Kühlschrank gut durchkühlen zu lassen.

## EISKAFFEE-KONZENTRAT

Die Basis für Eiskaffee lässt sich auch gut auf Vorrat herstellen. Mehrere Tassen starken Kaffee aufbrühen, mit Zucker ganz nach Belieben süßen und eventuell noch mit etwas Kaffeelikör, Rum oder Weinbrand kräftig abschmecken. In eine heiß ausgespülte Flasche abfüllen und in den Kühlschrank stellen. So hält sich das Konzentrat 2–3 Wochen. Bei Bedarf dann nur noch mit kalter Milch und etwas Mineralwasser mischen oder mit Eiscreme und Milch aufmixen.

# EISKAFFEE
## *ganz klassisch*

WARUM NICHT MAL MIT DIESEM KÖSTLICHEN KLASSIKER AUF DEM EIGENEN BALKON ODER IM GARTEN ZUM „KALTEN" KAFFEEKLATSCH EINLADEN?

## Zutaten für 4 Gläser à 250 ml

¾ l Kaffee

einige TL Zuckersirup (siehe Seite 67)

100 g Sahne

4 große Kugeln Vanilleeis

Schokostreusel oder Kakaopulver

## Zeitbedarf
- 10 Minuten +
  2 – 12 Stunden kühlen

## So geht's

1. Den Kaffee am besten am Vortag zubereiten und abkühlen lassen. Danach im Kühlschrank gut durchkühlen. Den Kaffee anschließend mit etwas Zuckersirup süßen. Wenn es schnell gehen soll, frisch gekochten Kaffee in einen großen, mit Eiswürfeln gefüllten Krug gießen, kurz umrühren. Der Kaffee sollte sehr stark sein, da er durchs Kühlen mit den Eiswürfeln verdünnt wird.

2. Die Sahne steif schlagen. Das Vanilleeis mit einem Suppenlöffel oder einem Eisportionierer in 4 große Gläser verteilen, dann den Kaffee darübergießen. Je ca. 1 EL geschlagene Sahne daraufgeben und mit den Schokostreuseln oder dem Kakaopulver garnieren. Den Eiskaffee mit einem Strohhalm und einem langen Joghurtlöffel servieren.

**FÜR ICED IRISH COFFEE** pro Portion 1 Kugel Vanilleeis in ein großes Glas geben. Mit 1 Tasse gut gekühltem, starkem Kaffee auffüllen. 2 cl Whisky dazugeben und mit ca. 1 EL geschlagener Sahne bedecken. Nach Belieben mit Schoko- oder Krokantstreuseln dekorieren.

# LATTE MACCHIATO
## *mit Vanilleeis*

BEKOMMT DIE „LATTE" IHRE CREMIGKEIT SONST DURCH AUFGESCHÄUMTE MILCH, SO SORGT HIER VANILLEEIS FÜR DIE RICHTIGE KONSISTENZ.

### Für 2 Gläser à 250 ml

- 2 doppelte Espressi
- 2 – 3 TL Zucker
- 4 Eiswürfel
- ¼ l gut gekühlte Milch
- 2 große Kugeln Vanilleeis

### Zeitbedarf

- 10 Minuten

### So geht's

1. Die doppelten Espressi in ein hohes Gefäß gießen und mit Zucker nach Geschmack süßen. Etwas abkühlen lassen, dann die Eiswürfel dazugeben, alles gut durchschütteln und den Kaffee wieder abgießen. Die Eiswürfel in 2 Gläser verteilen.

2. Die Espressi zurück in das hohe Gefäß gießen, die gekühlte Milch und das Vanilleeis dazugeben. Mit dem Pürierstab aufmixen, sodass ein cremiges Getränk entsteht. Über die Eiswürfel in die Gläser gießen, mit einem dicken Strohhalm servieren.

### Die Variante

**Creamy chocolate**
Für 1 Portion in einem hohen Gefäß 1 EL Kakao in 3 EL heißem Wasser auflösen und 150 ml kalte Milch, 1 gehäuften EL Schokostreusel und 1 Kugel Schokoladeneis dazugeben. Dann mit dem Pürierstab kurz aufmixen, sodass ein cremiges Getränk entsteht. Über 2 – 3 Eiswürfel in ein großes Glas gießen, mit etwas Kakao bestäuben und mit einem dicken Strohhalm servieren

**SO SCHMECKT'S AUCH** Mixen Sie zusammen mit dem Vanilleeis einen guten Schuss Kirschwasser in den Drink und garnieren Sie ihn mit frischen Zwillingskirschen am Glasrand.

# DAS IST *wirklich* WICHTIG

**[a] DER HONIG** sollte flüssig und hell sein. Denn fester Honig verbindet sich sehr schlecht mit der kalten Milch und eine dunkle Honigsorte trübt die grüne Farbe des Matcha-Pulvers leicht ein.

**[b] DAS MATCHA-PULVER** sollte sich vollkommen aufgelöst haben, bevor die restliche Milch untergemixt wird. Matcha-Pulver gibt es im gut sortierten Teehandel. Es ist nicht ganz billig, aber sehr ergiebig. Klassisch wird es mit heißem Wasser aufgegossen und mit einem speziellen Bambusschneebesen zu einem schaumigen Getränk aufgeschlagen.

[b]

# GREEN TEA LATTE

*ganz exotisch*

EIN FEINER „CROSSOVER"-DRINK: DIE JAPANISCHE NOTE BRINGT DER GRÜNE MATCHA-TEE UND ITALIEN STEUERT DIE „LATTE" ZUM TRINKGENUSS BEI.

## Zutaten für 1 Glas à 250 ml

200 ml gut gekühlte Milch

1 EL Honig oder Zuckersirup (siehe Seite 67)

½ TL Matcha-Pulver (japanisches Grüntee-Pulver)

3 Eiswürfel

nach Belieben 1 gute Prise Ingwer- oder Zitronengraspulver

## Zeitbedarf
▪ 10 Minuten

## So geht's

1. Die Hälfte der Milch mit dem Honig [→a] oder mit Zuckersirup in einen hohen Becher geben. Das Matcha-Pulver einstreuen. Mit dem Pürierstab gut durchmixen, dann die restliche Milch bei laufendem Pürierstab dazugießen [→b]. Das Getränk lässt sich auch im Mixer zubereiten, diesen jedoch höchstens bis zu einem Drittel füllen, da die Flüssigkeit sehr leicht überlaufen kann. So lange mixen, bis ein leichter Schaum entstanden ist.

2. Die Eiswürfel in ein Glas geben, die Green Tea Latte darübergießen und ganz nach Geschmack mit etwas Ingwer- oder Zitronengraspulver bestreuen. Den Drink sofort servieren.

**FÜR EINE CHAI LATTE** 1 Tasse starken Schwarztee (z. B. Assam) zubereiten. Mit Zucker und gemahlenem Kardamom, Nelken und etwas Muskatblüte kräftig würzen. Einen Shaker mit 5 – 6 Eiswürfeln füllen, den Tee und 1 Tasse gut gekühlte Milch dazugeben. Gut durchschütteln, mit den Eiswürfeln in 2 Gläser füllen, mit ganz wenig Kardamom bestäuben. Sofort servieren.

# BEEREN-SHAKE
## *mit Vanille*

JOGHURT MACHT DIESEN ERFRISCHENDEN DRINK SCHÖN CREMIG UND DIE
BEERENMISCHUNG BESTIMMT DIE FARBE: VON BLASSLILA BIS ROSAROT.

### Zutaten für 2 Gläser à 250 ml

300 g frische Beeren
(Blaubeeren, Johannisbeeren,
Himbeeren, Erdbeeren,
auch gemischt)

2–3 EL Zucker

½ Vanilleschote

300 g Joghurt (Vollmilch oder
fettarm)

etwas Mineralwasser oder Milch

etwas Zitronensaft

### Zeitbedarf
▪ 15 Minuten

### So geht's

1. Die Beeren verlesen, nur wenn nötig waschen und in einem Sieb
abtropfen lassen. Die Blätter und die Stielansätze entfernen. Die
Beeren in den Mixer oder in einen hohen Becher füllen und mit etwas Zucker bestreuen.

2. Die Vanilleschote längs halbieren, das Mark mit dem Rücken eines
kleinen Küchenmessers herausschaben und zu den Beeren in den
Mixbecher geben.

3. Den Joghurt zufügen und alles auf höchster Stufe so lange mixen,
bis ein sehr homogener Drink entsteht. Etwas Mineralwasser oder
Milch dazugeben, bis der Shake die gewünschte Konsistenz hat.
Mit Zitronensaft und eventuell nochmals mit etwas Zucker abschmecken. Den Beeren-Shake in Gläser füllen und dann sofort
servieren.

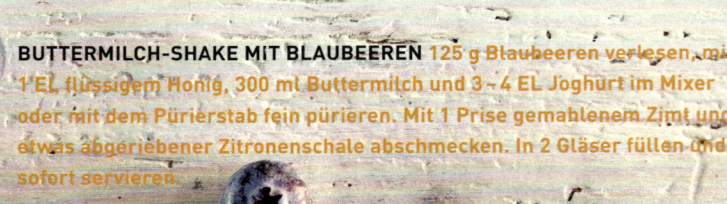

**BUTTERMILCH-SHAKE MIT BLAUBEEREN** 125 g Blaubeeren verlesen, mit
1 EL flüssigem Honig, 300 ml Buttermilch und 3–4 EL Joghurt im Mixer
oder mit dem Pürierstab fein pürieren. Mit 1 Prise gemahlenem Zimt und
etwas abgeriebener Zitronenschale abschmecken. In 2 Gläser füllen und
sofort servieren.

# MANDELMILCH
## *mit Krokant*

DER CREMIGE DRINK ERINNERT GESCHMACKLICH EIN WENIG AN MARZIPAN.
UND OBWOHL KALT SERVIERT, WECKT ER EIN WOHLIGES WÄRME-GEFÜHL.

### Für 1 Glas à 250 ml

200 ml kalte Milch

1 EL Mandelmus
(Reformhaus)

1 EL Rosenwasser

Zuckersirup zum Süßen
(siehe Seite 67)

2 – 3 Eiswürfel

1 TL Mandelkrokant

### Zeitbedarf
- 10 Minuten

### So geht's

1. Die kalte Milch zusammen mit dem Mandelmus
und dem Rosenwasser in ein hohes Gefäß oder
in den Mixer geben. Mit dem Pürierstab oder
im Mixer so lange mixen, bis die Masse leicht
schaumig ist. Nach Geschmack mit etwas Zuckersirup süßen.

2. Die Eiswürfel in ein großes Glas geben und die
Mandelmilch darübergießen. Mit den Krokant-
streuseln garnieren und mit einem dicken
Strohhalm servieren.

### Die Variante

**Mokka-Milch**
Für 1 Glas 2 gestriche-
ne TL gemahlene Kaf-
feebohnen in einem
Kännchen mit kochen-
dem Wasser überbrü-
hen. 2 Minuten ziehen
lassen, mit einem Löf-
fel durchrühren und
durch ein kleines Sieb
in ein hohes Gefäß ab-
gießen. Den Mokka
nach Geschmack mit
braunem Rohzucker
oder normalem Zucker
süßen. 2 EL Mokkali-
kör und 150 ml kalte
Milch zufügen. Mit
dem Pürierstab kräftig
aufmixen. 2 EL zersto-
ßenes Eis in ein gro-
ßes Glas geben, mit
der Mokkamilch auf-
gießen und dann sofort
servieren.

**SO SCHMECKT'S AUCH** Statt Mandelmus kann man auch
30 g Marzipanrohmasse verwenden. Diese zuerst in kleine Würfel schneiden, mit ¼ der Milch fein pürieren, dann
die übrige Milch zugießen und nochmals kräftig aufmixen.

# MANGO-LASSI
## *mit Kardamom*

DAS FRUCHTIGE ERFRISCHUNGSGETRÄNK AUS INDIEN LÄSST SICH
GANZ LEICHT UND IN VERSCHIEDENEN VARIANTEN SELBER MACHEN.

**Für 2 Gläser à 250 ml**

½ Mango

1 EL flüssiger Honig

300 ml Vollmilch-Joghurt

150 ml Mineralwasser
ohne Kohlensäure

etwas Zitronensaft

1 Kardamomkapsel

**Zeitbedarf**
- 15 Minuten

**So geht's**

1. Die Mango mit einem sehr scharfen Messer
von Schale und Kern lösen. Das Fruchtfleisch in
grobe Stücke schneiden und in den Mixer oder in
einen hohen Becher füllen. Honig, Joghurt und
Mineralwasser dazugeben.

2. Alles auf höchster Stufe so lange pürieren, bis
ein cremiger Drink entstanden ist. Mit etwas
Zitronensaft abschmecken und in 2 Gläser
füllen.

3. Die Kardamomkapsel öffnen und die dunklen
Samenkörner herauslösen. Im Mörser grob zerstoßen. Den Drink damit bestreuen und sofort
servieren.

**Die Varianten**

**Rosen-Lassi**
Für 2 Gläser 300 ml Jo-
ghurt, 150 ml Mineralwas-
ser, 3 EL Rosenwasser
(aus der Apotheke) und
1–2 EL Honig kräftig
durchmixen. Über 2–3
Eiswürfel in Gläser füllen
und mit ganz wenig ge-
trockneten Rosenblättern
bestreuen. Den Drink
sofort servieren.

**Kräuter-Lassi**
Für 2 Gläser 250 ml Jo-
ghurt und 200 ml Mineral-
wasser kräftig mixen.
1 EL fein gehackten fri-
schen Koriander unter-
rühren, mit Salz, frisch
gemahlenem weißem
Pfeffer und 1 Spritzer Zitronensaft abschmecken.

**LASSI** wird klassisch mit 1 Teil Wasser und 2 Teilen Joghurt zubereitet. Wer es etwas dünnflüssiger haben
möchte, fügt einfach etwas mehr Mineralwasser hinzu.

# APRIKOSEN-DICKMILCH

## *mit Knusperstreuseln*

MIT GANZ REIFEN APRIKOSEN GELINGT DER ERFRISCHENDE DRINK AM BESTEN, DENN NUR DANN LASSEN SICH DIE FRÜCHTE AUCH FEIN PÜRIEREN.

**Zutaten für 2 Gläser à 250 ml**

1 EL Butter

2 EL Haferflocken

2 EL Zucker

250 g reife Aprikosen

2 EL Rohrohrzucker

etwas Zitronensaft

300 ml Dickmilch

**Zeitbedarf**
▪ 20 Minuten

**So geht's**

1. Die Butter in einer kleinen Pfanne schmelzen, die Haferflocken einrühren und leicht bräunen. Den Zucker darüberstreuen, dabei ständig rühren, bis sich der Zucker vollständig aufgelöst hat. Auf Alufolie gießen und abkühlen lassen.

2. Inzwischen die Aprikosen waschen, halbieren und die Kerne entfernen [→a]. Die Früchte grob zerkleinern und zusammen mit 1 EL Rohrohrzucker, etwas Zitronensaft und der Dickmilch in den Mixer oder einen hohen Becher geben. Kräftig mixen (im Becher mit dem Pürierstab), bis sich alles gut verbunden hat.

3. Die karamellisierten Haferflocken zerkleinern [→b]. Den Aprikosen-Drink mit etwas Zucker und Zitronensaft abschmecken, in 2 Gläser füllen und mit den Streuseln garnieren. Sofort servieren.

**FÜR EINE PFLAUMENMILCH** 250 g reife zerkleinerte Pflaumen mit 2 EL Honig in den Mixer geben. 3 EL Rosenwasser (aus der Apotheke) dazugeben. Zuerst auf kleinster, dann auf höchster Stufe mit der Dickmilch kräftig durchmixen. Mit gemahlenem Zimt und eventuell noch etwas Honig abschmecken. In 2 Gläser füllen und sofort servieren.

## DAS IST *wirklich* WICHTIG

[a] **FRISCHE APRIKOSEN** schmecken natürlich am besten. Außerhalb der Saison kann man auch mal 3 – 4 EL Aprikosenkonfitüre als Ersatz nehmen. Dann allerdings den Zucker unbedingt weglassen.

[b] **KNUSPERSTREUSEL** Die karamellisierten Haferflocken von der Alufolie lösen und auf ein Brett legen. Mit einem großen Messer in Streusel zerteilen.

[b]

# TÜRKISCHER AYRAN
## *mit Minze*

TRADITIONELL WIRD DAS JOGHURT-GETRÄNK ZUR BEGRÜSSUNG GEREICHT. JE NACH ZUTATEN KANN ES ABER AUCH ZUM ESSEN SERVIERT WERDEN.

### Für 2 Gläser à 250 ml

300 ml türkischer Joghurt

150 ml Mineralwasser ohne Kohlensäure

1 Handvoll frische Minzeblätter

2 – 3 EL Zuckersirup

4 – 6 Eiswürfel

### Zeitbedarf
- 10 Minuten

### So geht's

1. Joghurt und Mineralwasser in einen hohen Becher oder in den Mixer geben. Die Minze waschen und trocknen, 2 schöne Blätter für die Garnitur beiseitelegen. Die restliche Minze in den Mixer geben.

2. Kräftig durchmixen, bis die Blätter zerkleinert sind und der Drink schaumig geworden ist. Den Zuckersirup dazugeben, noch mal mixen und abschmecken.

3. Die Eiswürfel in die Gläser verteilen, den Joghurt-Drink darübergießen. Mit den Minzeblättchen garnieren und sofort mit einem Strohhalm servieren.

### Die Varianten

**Ayran mit Basilikum**
300 ml türkischen Joghurt mit 200 ml Mineralwasser ohne Kohlensäure mixen. 1 kleine Handvoll Basilikumblätter dazugeben und mixen, bis sie fein zerkleinert sind. Mit Salz und frisch gemahlenem weißem Pfeffer kräftig abschmecken. Mit Eiswürfeln in 2 Gläser füllen und sofort servieren.

**Ayran mit Sauerrahm**
200 g Vollmilch-Joghurt, 100 ml Sauerrahm und 150 ml Mineralwasser ohne Kohlensäure schaumig mixen. Mit Zitronensaft und Salz abschmecken. Oder (siehe Rezept) mit Kräutern oder Zuckersirup würzen. In 2 Gläser füllen, sofort servieren.

**TÜRKISCHER JOGHURT** schmeckt cremiger und etwas säuerlicher als normaler Joghurt. Ayran schmeckt auch mit Joghurt aus Schaf- oder Ziegenmilch. Vor allem die salzigen Varianten passen dann besonders gut zu scharf gewürzten Speisen.

# COCKTAILS
## *fruchtig & prickelnd*

OB ALS APERITIF ODER EINFACH ZWISCHEN-
DURCH: NICHTS IST ERFRISCHENDER AN
HEISSEN SOMMERTAGEN ALS EIN COCKTAIL
MIT FRÜCHTEN UND VIEL EIS!

# FRUCHT-COCKTAIL
## *mit gemischtem Obst*

BESONDERS KINDER LIEBEN DIESEN TUTTI-FRUTTI-COCKTAIL. UND FÜR SIE
KANN DIE ÜPPIGE OBST-DEKORATION GAR NICHT BUNT GENUG SEIN!

### Zutaten für 4 Gläser à 250 ml

1 kleine Banane

1 Apfel

2 – 3 EL Zitronensaft

1 Stück (ca. 250 g) Ananas

1 kleine Handvoll weiße und
blaue Trauben

4 Schaschlik-Holzspieße

je 200 ml Ananas-, Bananen-,
Orangen- und rosa Grapefruitsaft

8 EL zerstoßenes Eis

### Zeitbedarf
- 20 Minuten

### So geht's

1. Die Banane schälen, in fingerdicke Scheiben schneiden. Den Apfel ebenfalls schälen, vierteln und das Kernhaus herausschneiden. Apfelviertel in mundgerechte Stücke schneiden. Zusammen mit den Bananenscheiben in einer Schüssel mit dem Zitronensaft vermischen [→a].

2. Von der Ananas die Schale großzügig abschneiden, das Fruchtfleisch in mundgerechte Stücke teilen. Die Trauben waschen und abtropfen lassen. Das Obst in bunter Reihenfolge aufspießen.

3. Die Säfte entweder in einem hohen Gefäß ohne Eiswürfel kurz mit dem Pürierstab durchmixen oder immer portionsweise zusammen mit etwas Eis in einem Shaker kräftig schütteln.

4. Die Eis- und Saftportionen auf 4 hohe Cocktailgläser verteilen. Die Obstspieße quer darüberlegen und den Drink mit einem Strohhalm servieren.

**SO SCHMECKT'S AUCH** Den Cocktail und die Fruchtspieße wie im Rezept beschrieben zubereiten, dabei jedoch den Bananensaft weglassen und stattdessen 2 cl Grenadine (Granatapfelsirup) und 8 cl Wodka verwenden. Die Cocktails am besten einzeln im Shaker schütteln.

DAS IST
*wirklich*
WICHTIG

**[a] MIT ZITRONENSAFT** kann sich
das Obst nicht so leicht bräunlich
verfärben. Apfel- und Bananenscheiben damit beträufeln und gut durch-
mischen.

# COCKTAIL-BAR
## *alles, was man zum Shaken braucht*

Viel braucht man nicht, um Barkeeper zu spielen. Nützliches Zubehör wie eine Zitronenpresse oder ein langstieliger Bar- oder Joghurtlöffel sind in einer gut ausgestatteten Küche ohnehin vorhanden. Ein paar Gerätschaften allerdings sollte man haben, um feine Cocktails zu mixen.

## MESSBECHER

Er sollte mindestens 500 ml Flüssigkeit fassen und eine möglichst feine Messstrich-Einteilung haben, damit man auch kleinere Mengen exakt abmessen kann.
Hilfreich ist auch ein Barmaß, ein Doppelmaß aus Edelstahl mit einer Feinskalierung für 1 bis 4 cl. Ein guter Ersatz dafür sind Schnapsgläser mit 2 cl und 4 cl Eichung.

## STÖSSEL

Wichtig, um feste Zutaten zu zerkleinern oder zu vermischen, wie z.B. Limetten und Rohrzucker für einen Caipirinha. Der Stößel sollte gut und griffig in der Hand liegen, damit er beim Arbeiten nicht wegrutscht. Exemplare aus Holz mit geriffeltem Kopf sind ideal, es gibt aber auch gute Stößel aus Kunststoff. Wichtig ist ein ausreichend langer Stiel, damit man den Stößel auch in hohen Gläsern verwenden kann. Er sollte immer um eine Handbreit länger sein als der Becher.

## BARSIEB (STRAINER)

Die Siebplatte mit Spiralrand wird in den Shaker geklemmt und hält beim Absieben die Eiswürfel oder andere feste Zutaten zurück.

## SHAKER

Das wichtigste Werkzeug ist der Schüttelbecher mit Deckel, entweder ganz aus Edelstahl oder mit gläsernem Behälter und Deckel aus Edelstahl. Ein Cobbler ist ein dreiteiliger Shaker, bei dem das Barsieb gleich mit eingebaut ist. Im Shaker werden die Zutaten zusammen mit Eiswürfeln durch Schütteln gut durchgemixt, die Kälte des Eises wird von den Zutaten rasch angenommen und es entsteht oft eine schöne Schaumkrone.

Grundregel für die „Schüttelzeit": ohne Sirup etwa 10 Sekunden, mit Sirup (denn der ist schwerer und braucht etwas länger, um sich gut mit allen anderen Zutaten zu vermischen) etwa 20 Sekunden. Danach wird das Mixgetränk zum Servieren in ein Glas abgegossen. Beim Mixen beachten: Kohlensäurehaltige Getränke (Mineralwasser, Tonic, Limonaden) nie mit den anderen Zutaten zusammen schütteln, sondern immer erst ganz zum Schluss im Glas aufgießen!

[a]

[b]

# DAS IST *wirklich* WICHTIG

[a und b] **DEN INGWER** auf einer feinen Reibe (wie man sie auch für Zitronenschale verwendet) auf ein Stück Mulltuch reiben. Das Tuch einschlagen und fest zudrehen. Den austretenden Ingwersaft in einem Schälchen auffangen.

# MELONEN-COCKTAIL
## *mit Ingwer*

FRISCHER INGWER BRINGT EINE ANGENEHME SCHÄRFE IN DEN FRUCHTIGEN
DRINK, DER JE NACH MELONENSORTE HONIGGELB ODER ROSA WIRD.

### Für 1 Glas à 200 ml

30 g frischer Ingwer

1 Stück Wassermelone
(ca. 300 g)

etwas Zitronensaft

1 EL Zuckersirup oder
Ahornsirup

3 – 4 Eiswürfel

### Zeitbedarf
▪ 10 Minuten

### So geht's

1. Den Ingwer schälen, reiben und den Saft auspressen [→a und →b].

2. Von der Wassermelone zuerst die Kerne entfernen, dann das Fruchtfleisch von der Schale lösen und grob würfeln. Die Melonenstücke in einen hohen Becher oder in den Mixer füllen und
fein pürieren.

3. Das Melonenpüree mit Ingwersaft, Zitronensaft
und Zucker- oder Ahornsirup abschmecken.
Noch mal aufmixen.

4. Die Eiswürfel in ein hohes Cocktailglas füllen,
den Melonendrink darübergießen und mit einem
dicken Strohhalm servieren.

### Die Variante

**Pink Lady**
2 EL schwarzen Johannis-
beerlikör (Cassis-Likör),
100 ml schwarzen Johan-
nisbeersaft und 2 cl Him-
beermark in einem Mix-
becher vermischen.
4 Eiswürfel dazugeben,
den Becher verschließen
und alles gut durchschüt-
teln. Durch ein Barsieb in
ein Cocktailglas abgießen
und mit Prosecco und/
oder Mineralwasser auf-
füllen. Mit 1 Blatt Minze
oder Zitronenmelisse
dekorieren und sofort
servieren.

**SO SCHMECKT'S AUCH Und wenn mal ein wenig
Alkohol dabei sein darf: Ein Schuss Campari passt
sehr gut zu Melone!**

# ERDBEER-COCKTAIL
## *mit Zitronenlimonade*

KLARER ERDBEERSAFT IST DIE FRUCHTIGE GRUNDLAGE FÜR DIESEN DRINK,
DER MIT LIMONADE, SEKT ODER CHAMPAGNER AUFGEGOSSEN WIRD.

### Zutaten für 4 Gläser à 150 ml

350 g Erdbeeren

125 ml Wasser

2 geh. EL Zucker

8 Eiswürfel

400 ml gut gekühlte Bio-Zitronenlimonade (alternativ Sekt oder Champagner)

### Zeitbedarf

- 15 Minuten +
  30 Minuten kochen +
  2 Stunden kühlen

### So geht's

1. Die Erdbeeren waschen und in einem Sieb abtropfen lassen. Die Stiele abzupfen, 4–5 schöne Beeren beiseitelegen.

2. Die Erdbeeren mit dem Wasser und dem Zucker in einen Topf geben. Aufkochen, dann bei milder Hitze 30 Minuten köcheln lassen. Danach über einer Schüssel in ein Spitzsieb abgießen, dabei den Saft ganz ohne Druck ablaufen lassen, damit er schön klar bleibt. Zum Abkühlen kalt stellen.

3. Die übrigen Erdbeeren in sehr feine Scheiben schneiden. Die Eiswürfel auf 4 große Weingläser verteilen. Je 4 cl des Saftes darübergießen und mit Limonade, Sekt oder Champagner auffüllen. Die Erdbeerscheiben einstreuen und sofort servieren.

**FÜR 4 RHABARBER-COCKTAILS** 500 g Rhabarber mit ¼ l Wasser, 100 g Zucker und ½ unbehandelten Zitrone 30 Minuten köcheln lassen, in ein Sieb abgießen. Den Saft auffangen, kühl stellen. Je 4 cl Saft über fein zerstoßenes Eis geben. Mit gekühltem Prosecco oder Bio-Limonade auffüllen.

# FRUCHT-FLIP
## *mit Holunderblütensirup*

DER BESTE BEWEIS, DASS EIN COCKTAIL AUCH OHNE ALKOHOL SCHMECKT!
JE NACH MISCHUNG DER SÄFTE FÄLLT ER HERBER ODER SÜSSER AUS.

### Für 4 Gläser à 150 ml

je 2 Grapefruits und Orangen oder 4 Stück von einer Sorte

200 ml Maracujasaft

100 ml Bananensaft

3–4 EL Holunderblüten-sirup

1 Ei

etwa Zitronensaft

### Zeitbedarf
- 15 Minuten

### So geht's

1. Die Grapefruits und die Orangen auspressen. In einem hohen Gefäß mit dem Maracujasaft und dem Bananensaft mischen. Die Hälfte des Holunderblütensirups zufügen. Das Ei aufschlagen und vorsichtig hineingleiten lassen.

2. Alles mit dem Pürierstab kräftig durchmixen, bis die Masse leicht schaumig wird. Dabei den Mixstab zum Schluss knapp unter der Oberfläche halten, dann schäumt die Flüssigkeit am besten auf. Mit dem restlichen Holunderblütensirup und etwas Zitronensaft abschmecken.

3. Den Frucht-Flip in Gläser füllen, nach Belieben mit einem Fruchtspieß verzieren und dann sofort servieren.

### Die Variante

**Campari-Cocktail**
Die Ränder von 2 Cocktailgläsern (à 200 ml) mit einer halben Zitrone abreiben. Zucker auf einen kleinen Teller geben, das Glas kopfüber in den Zucker tauchen, sodass ein Zuckerrand entsteht. 300 ml Multivitaminsaft mit 1 Eiweiß und 60 ml Campari kräftig aufmixen, bis sich auf der Oberfläche ein leichter Schaum gebildet hat. Vorsichtig in die Gläser füllen, damit der Zuckerrand nicht zerstört wird, und den Drink sofort servieren.

**SO SCHMECKT'S AUCH** Wenn es schnell gehen soll, lässt sich der Drink natürlich auch mit fertigen Säften zubereiten, dabei am besten Bio-Qualität verwenden.

# KIRSCH-COCKTAIL
## *mit Orangensaft*

EINE HARMONISCHE MISCHUNG: FEIN SÄUERLICH DURCH DIE KIRSCHEN UND DOCH ANGENEHM MILD DURCH DEN FRISCH GEPRESSTEN ORANGENSAFT.

### Zutaten für 4 Gläser à 250 ml

1 gute Handvoll frische Sauerkirschen

3 unbehandelte Orangen

8 Cocktailkirschen

2 EL Zuckersirup

400 ml Kirschsaft oder schwarzer Johannisbeersaft

½ l zerstoßenes Eis

1 guter Schuss Minzesirup (siehe Seite 67)

### Zeitbedarf
- 15 Minuten

### So geht's

1. Die Sauerkirschen waschen, die Stiele entfernen. Die Kirschen mit einem kleinen scharfen Messer halbieren und den Kern entfernen.

2. 1 Orange heiß abwaschen und trocknen. Die Hälfte der Schale mit einem Sparschäler möglichst an einem Stück abschälen und zu den Kirschen geben. Die andere Hälfte der Orange in dickere Scheiben und diese dann in mundgerechte Stücke schneiden. Abwechselnd mit den Cocktailkirschen auf kleine Holzspießchen stecken.

3. Den Zuckersirup unter die Kirschen rühren, abgedeckt kurz durchziehen lassen. In der Zwischenzeit die übrigen Orangen auspressen. In einem großen Gefäß Kirsch- und Orangensaft mit dem zerstoßenen Eis gründlich vermischen. Mit dem Minzesirup abschmecken.

4. Die Kirschen ohne die Orangenschale auf 4 Gläser verteilen. Mit der Kirsch-Eis-Mischung auffüllen. Die Spießchen über die Gläser legen und mit einem Trinkhalm und einem langen Löffel sofort servieren.

SO SCHMECKT'S AUCH Den Cocktail wie im Rezept beschreiben zubereiten, dabei jedoch statt des Minz-Sirups 4 cl Kirschwasser unter die Fruchtsaftmischung rühren.

# FRUCHTSÄFTE

*selbst gemacht*

Sie sind die Geschmacksbasis der meisten alkoholfreien Drinks und darum ist die Qualität sehr entscheidend. Selbst gemacht schmecken sie natürlich besonders gut und man kann sie auch aus Früchten herstellen, die es als fertigen Saft nicht zu kaufen gibt.

## ENTSAFTER

Will man regelmäßig frische Säfte genießen, lohnt sich die Anschaffung eines elektrischen Entsafters. Damit lässt sich Obst und Gemüse, roh und beliebig gemischt, entsaften und das Aroma bleibt voll erhalten. Allerdings müssen die Säfte möglichst frisch getrunken werden, denn durch den Kontakt mit Sauerstoff können sie schnell ihre Farbe verändern und Trübstoffe setzen sich ab. Im Kühlschrank hält sich der Saft 2–3 Tage, sollte aber vor Gebrauch gut durchgerührt oder aufgeschüttelt werden.

## HEISS ENTSAFTEN

In einem ausreichend großen Topf wird Obst (gewaschen und grob zerkleinert, Beeren nicht extra von den Stielen zupfen) mit Zucker und etwas Wasser (auf 1 kg Obst 100–150 g Zucker und 100–200 ml Wasser) zum Kochen gebracht. Zugedeckt leise köcheln lassen, bis das Obst ganz weich ist. In ein großes Sieb umschöpfen und den Saft ohne Druck in eine Schüssel ablaufen lassen. Nicht zu sehr pressen, dann bleibt der Saft schön klar. Den übrigen Trester auspressen und diesen leicht trüben Saft getrennt abfüllen. Den heißen Saft eventuell nachsüßen, in ausgekochte Flaschen füllen und noch heiß verschließen. Kühl gestellt hält sich der Saft 3–4 Wochen.

## STERILISIEREN

Soll Saft für längere Zeit haltbar gemacht werden, müssen die Flaschen zusätzlich sterilisiert werden. Dafür in einen hohen Topf stellen (oder einen speziellen Einwecktopf), bis zur Hälfte mit Wasser füllen und erhitzen. Sobald Bläschen aufsteigen, zugedeckt 20–25 Minuten leise köcheln lassen. Die Flaschen herausheben, auf ein Küchentuch stellen (auf einer kalten Arbeitsplatte können sie platzen) und abkühlen lassen. Lichtgeschützt aufbewahrt sind die Säfte bis zu 1 Jahr haltbar.

## FRUCHTSIRUP

Fruchtsäfte kann man mit Zucker zu einem dickflüssigen Sirup einkochen. 1 l Saft mit mindestens 400 g Zucker 15–20 Minuten leise köcheln lassen und heiß abfüllen. Sirup ist auch ohne Sterilisieren mehrere Monate haltbar. Mit Mineralwasser verdünnt trinken.

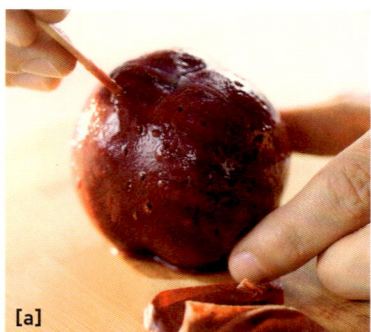

[a]

## DAS IST *wirklich* WICHTIG

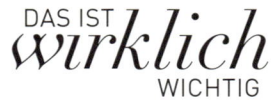

**[a] DEN PFIRSICH** mit einem Zahnstocher rundum immer bis zum Kern anstechen. Dabei am besten immer von oben nach unten in einer Reihe stechen, damit die Löcher schön regelmäßig werden.

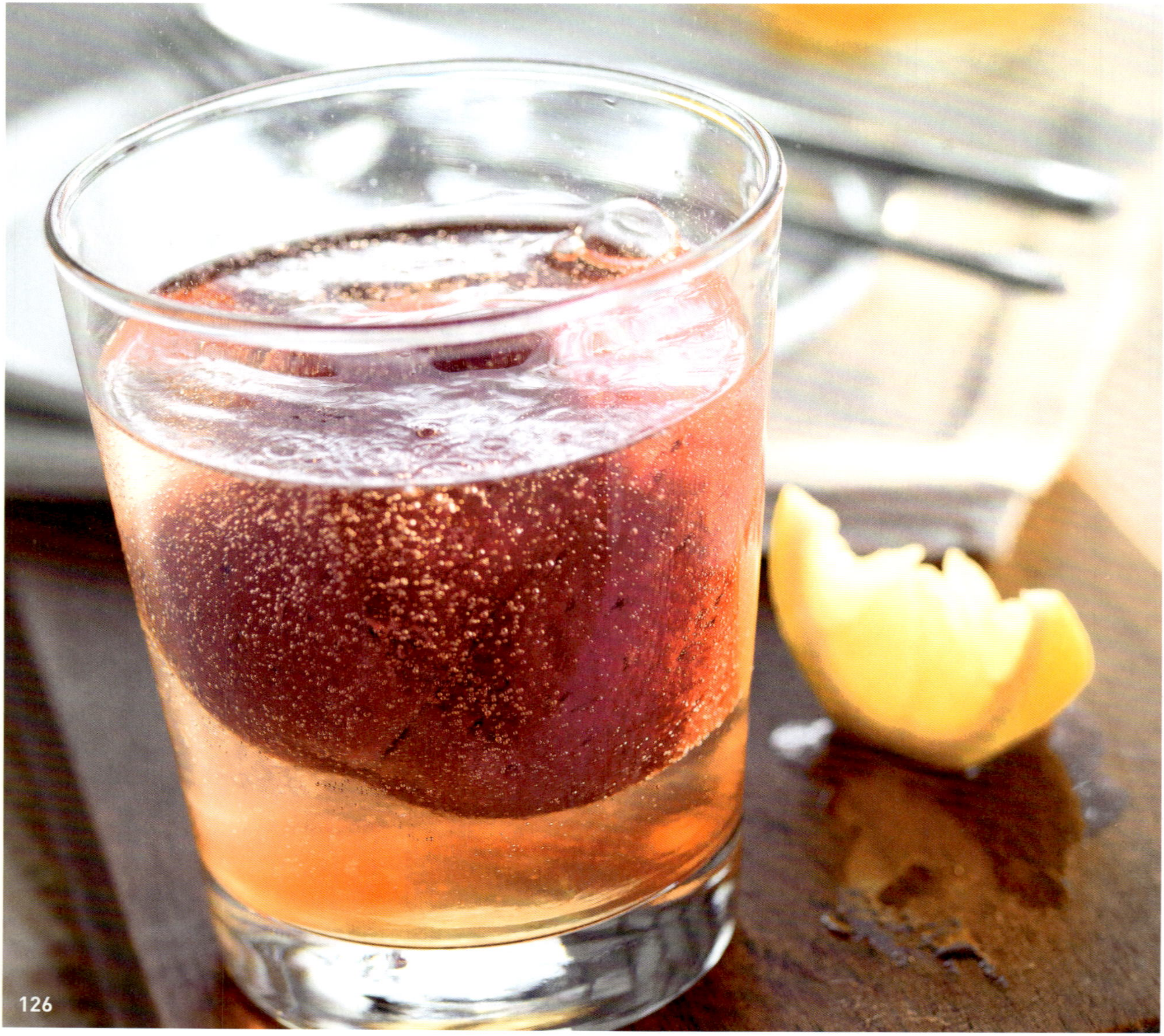

# KULLERPFIRSICH
## *mit Holunderblütensirup*

DER SICH DREHENDE PFIRSICH WAR NICHT NUR AUF PARTYS DER 50ER JAHRE EIN „HINGUCKER" UND SCHMECKT AUCH IN DER ALKOHOLFREIEN VARIANTE.

### Zutaten für 1 Glas

1 reifer Weinbergpfirsich oder anderer kleiner Pfirsich

3 EL Holunderblütensirup (siehe Seite 67)

einige Spritzer Zitronensaft

ca. 150 ml gut gekühltes Mineralwasser mit Kohlensäure oder Limonade

### Zeitbedarf
▪ 15 Minuten

### So geht's

1. Den Pfirsich in kochendes Wasser geben, einmal aufwallen lassen, dann mit einem Schaumlöffel herausheben und kalt abschrecken oder in Eiswasser legen. Die Haut vorsichtig abziehen, sodass der Pfirsich möglichst nicht verletzt wird.

2. Den Pfirsich mit einem Zahnstocher rundum anstechen [→a]. In ein großes Glas legen, damit der Pfirsich genügend Platz hat, sich zu drehen. Mit dem Holunderblütensirup und etwas Zitronensaft beträufeln.

3. Das Mineralwasser erst angießen, wenn der Cocktail serviert werden soll. Durch die Kohlensäure beginnt der Pfirsich sich zu drehen. Den Cocktail mit einem kleinen Teller und mit Messer und Gabel servieren, damit nach dem Trinkgenuss der Pfirsich noch verspeist werden kann.

**SO SCHMECKT'S AUCH** Den vorbereiteten Pfirsich nicht mit Holunderblütensirup, sondern mit Pfirsichlikör beträufeln. Mit gut gekühltem Sekt, Prosecco, Cremant oder Champagner aufgießen.

# EXOTIC KISS
## *mit Ananas und Banane*

MIT FRISCH ENTSAFTETEN FRÜCHTEN SCHMECKT DER DRINK NATÜRLICH BESONDERS GUT, IST ABER AUCH MIT SAFT AUS DER FLASCHE KÖSTLICH!

**Zutaten für 2 Gläser à 250 ml**

1 kleines Stück frischer Ingwer

je 200 ml Ananas- und Bananen-saft (gut gekühlt)

1 sehr frisches Ei

etwas Zitronensaft

etwas Zucker

8 Eiswürfel

**Zeitbedarf**
- 10 Minuten

**So geht's**

1. Vom Ingwer eine knapp fingerdicke Scheibe abschneiden, schälen und möglichst fein hacken. Zusammen mit den beiden Säften in den Mixer geben.

2. Das Ei hineinschlagen und etwas Zitronensaft zufügen. Auf höchster Stufe mixen, bis die Flüssigkeit ganz hell und schaumig ist. Mit Zitronensaft abschmecken.

3. Den Rand von 2 großen Wein- oder Cocktailgläsern mit Zitronen-saft einpinseln. 2–3 EL Zucker auf einen kleinen Teller geben, die Gläser kopfüber leicht darin drehen, sodass ein Zuckerrand entsteht.

4. Die Eiswürfel in die Gläser verteilen. Den Drink nochmals kurz aufmixen, dann über die Eiswürfel gießen und sofort servieren.

**SO SCHMECKT`S AUCH** Den fertigen Drink auf 4 Gläser mit Eiswürfeln verteilen, je 1 kleinen Schuss Kokoslikör dazugießen und mit gut gekühlter Zitronenlimonade auffüllen. Statt der Eiswürfel kann man auch 1 Kugel Zitroneneis nehmen, dann wird aus dem Drink fast ein kleines Dessert.

# END OF SUMMER DREAM
## *mit Trauben und Feigen*

GENAU DER PASSENDE DRINK FÜR DIE LETZTEN TAGE DES SOMMERS,
WENN ES DIE SÜSSEN FRÜCHTE RICHTIG REIF ZU KAUFEN GIBT.

**Für 1 Glas à 250 ml**

2 reife blaue Feigen (ca. 120 g)

150 ml roter Traubensaft (frisch gepresst oder gekauft)

1 Spritzer Zitronensaft

1 gute Prise gem. Zimt

1 Prise gem. Kardamom

2 EL zerstoßenes Eis

1 Feige oder 1 Zimtstange für die Dekoration

**Zeitbedarf**
- 10 Minuten

**So geht's**

1. Die Feigen waschen. Nur wenn die Schale sehr fest sein sollte, die Früchte schälen, ansonsten mit Schale verwenden. Den Stiel- und Blütenansatz mit einem kleinen Messer entfernen, die Früchte achteln und in einen Mixer geben.

2. Den Traubensaft dazugießen, den Zitronensaft und die Gewürze zufügen. Auf höchster Stufe so lange mixen, bis ein cremiger Drink entstanden ist.

3. Das zerstoßene Eis in ein Longdrinkglas geben, den Drink darübergießen. Nach Belieben mit Feigenvierteln oder mit einem Stück Zimtstange garnieren und sofort servieren.

**SO SCHMECKT'S AUCH** Für eine noch cremigere Variante ersetzen Sie den Traubensaft durch gut gekühlte Milch. Statt mit Zitronensaft mit etwas abgeriebener Schale von einer unbehandelten Orange oder Zitrone würzen. Für die Dekoration ein Stück Zitrusschalenspirale verwenden. Und wenn Alkohol dabei sein darf, je 2 cl roten Portwein mitmixen!

# DAS IST *wirklich* WICHTIG

**[a] MINZE SCHNEIDEN** Das Messer sollte wirklich scharf sein, damit die Minzeblätter geschnitten und nicht zerquetscht werden. Je feiner die Streifen, desto besser.

[a]

# HUGO
## *mit Ginger Ale*

OB DER TREND-COCKTAIL SEINEN URSPRUNG WIRKLICH IN SÜDTIROL HAT? SICHER IST, DASS ER DORT ÜBERALL IN BARS UND KNEIPEN SERVIERT WIRD.

### Für 1 Glas à 200 ml

4 frische Minzeblätter

2 EL grob zerstoßenes Eis

etwas Limettensaft

2–3 EL Holunderblüten-sirup (siehe Seite 67)

100 ml gekühltes Ginger Ale

### Zeitbedarf
- 5 Minuten

### So geht's

1. Die Minzeblätter mit einem Messer in Streifen schneiden [→a]. Die Minze in einem Glas am besten mit einem langen Joghurtlöffel mit dem zerstoßenen Eis vermischen. Einen Spritzer Limettensaft dazugeben.

2. Die Hälfte des Holundersirups über die Eis-Minze-Mischung in das Glas gießen, dann mit Ginger Ale auffüllen. Mit dem übrigen Sirup abschmecken und den Drink sofort mit einem Strohhalm servieren.

### Die Variante

#### Franken-Cocktail
2 EL grob zerstoßenes Eis in ein großes Weinglas geben. 3 EL Aperol zufügen und mit je 100 ml gut gekühltem Bier (Export) und Zitronenlimonade oder mit 200 ml fertig gemischtem Radler (Alsterwasser) aufgießen. 1 Zitronenscheibe bis zur Mitte einschneiden und über den Glasrand stecken. Den Drink sofort servieren.

**SO SCHMECKT'S AUCH** In der Originalversion mit Alkohol wird der Drink mit Prosecco statt Ginger Ale aufgegossen.

131

# CAIPIRINHA
## *mit Ginger Ale*

EIN KLASSIKER, DER EINFACH SUPER ERFRISCHEND SCHMECKT! UND VON DER VERSION OHNE ALKOHOL KANN MAN AUCH MAL EINEN MEHR TRINKEN.

### Zutaten für 1 Glas à 300 ml

4 Eiswürfel

1 unbehandelte Limette

2 gestr. EL Rohrohrzucker

200 ml Ginger Ale oder Tonic Water

### Zeitbedarf
- 10 Minuten

### So geht's

1. Die Eiswürfel in einen festen Gefrierbeutel füllen, ein mehrfach gefaltetes Tuch oder eine Zeitung darüberlegen. Das Eis mit dem Hammer oder mit einem Fleischklopfer zerkleinern.

2. Die Limette heiß abwaschen und quer halbieren. Von einer Hälfte eine Scheibe abschneiden und für die Deko beiseitelegen. Die restliche Limette vierteln und in ein breiteres stabiles Glas geben. Den Zucker darüberstreuen.

3. Mit einem Stößel die Limette und den Zucker zerdrücken [→a]. Das Glas bis zur Hälfte mit dem vorbereiteten Eis füllen und mit Ginger Ale (schmeckt milder) oder Tonic Water (herbere Note) auffüllen.

4. Den Caipirinha mit der Limettenscheibe dekorieren und mit einem dicken Trinkhalm sofort servieren.

**FÜR EINEN ECHTEN CAIPIRINHA** 1 Limette mit 2 EL Rohrohrzucker zerstoßen. Das Glas halb voll mit Eis füllen, mit 4 cl Zuckerrohrschnaps (Cachaça) oder ersatzweise mit weißem Rum aufgießen. Mit gut gekühltem Mineralwasser auffüllen, noch ein wenig Zucker darüberstreuen und servieren.

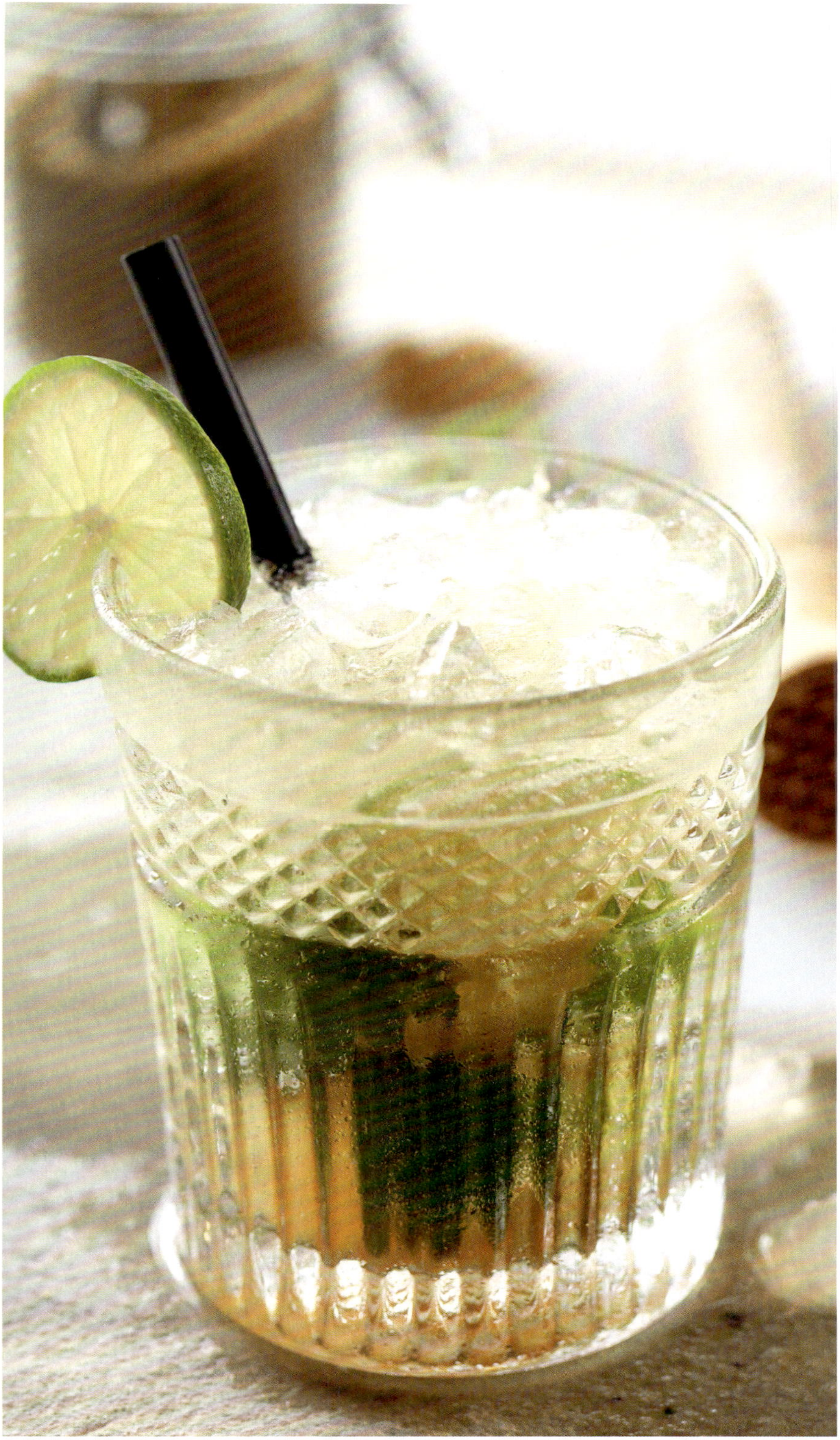

DAS IST *wirklich* WICHTIG

**[a] UM DIE LIMETTEN** mit Zucker zu zerdrücken, ist ein spezieller Holzstößel sehr praktisch. Als Ersatz kann man auch ein schmales Gewürzglas oder ein kleines Fläschchen (vorher gut abwaschen) verwenden. Die Limetten sollten auf alle Fälle unbehandelt sein!

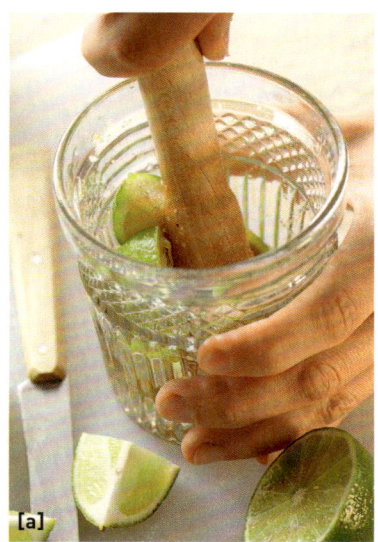

[a]

# GREEN APPLE
## *Apfelcocktail mit Cidre*

DIE FRÜHEN GRÜNEN SOMMERÄPFEL EIGNEN SICH DAFÜR BESONDERS GUT.
NOCH NICHT GANZ AUSGEREIFT, HABEN SIE EINE ANGENEHME SÄURE.

**Zutaten für 4 Gläser à 250 ml**

4 Kläräpfel (ca. 500 g)

2 – 3 EL Zitronensaft

400 ml Cidre ohne Alkohol

etwas Honig

8 – 12 Eiswürfel

**Zeitbedarf**
- 15 Minuten

**So geht's**

1. Die Äpfel waschen und abtrocknen. 1 Apfel vierteln, das Kernhaus herausschneiden. 1 Viertel in 4 Spalten schneiden und in etwas Zitronensaft wenden, damit sie sich nicht verfärben.

2. Die restlichen Viertel in kleine Würfel schneiden, ebenfalls in Zitronensaft wenden. Die ganzen Äpfel mit Kernhaus und Schale grob zerkleinern und im Entsafter zu Saft verarbeiten. Gleich in einem hohen Gefäß mit dem Cidre vermischen, mit Zitronensaft und Honig abschmecken und am besten noch mit dem Pürierstab etwas aufschäumen.

3. Die Eiswürfel (je 2 – 3 Stück) in Gläser verteilen, darauf die Apfelwürfelchen geben. Mit dem Cidre-Saft-Gemisch auffüllen, die Apfelspalten einschneiden und an den Glasrand klemmen. Sofort servieren, da sich der Apfelsaft schnell absetzt.

**FÜR EINE SCHNELLE VARIANTE** je Cocktail 3 EL Apfelmus mit 2 EL Apfelschnaps (z. B. Calvados) und 150 ml gut gekühltem Apfelsaft kräftig durchmixen. In ein Glas füllen, mit etwas glatt gerührtem Joghurt und Raspelschokolade verzieren. Mit einem dicken Trinkhalm servieren.

# CASSIS-COCKTAIL
## *mit Zitronenverbene*

EINE FRUCHTIGE VARIANTE DES KLASSISCHEN KIR, BEI DER CASSISLIKÖR
MIT WEISSWEIN ODER CHAMPAGNER AUFGEGEGOSSEN WIRD.

### Für 4 Gläser à 250 ml

1 Handvoll frische oder
2 EL getrocknete Zitronen-
verbene- oder Zitronen-
melisseblätter

150 g reife schwarze
Johannisbeeren

4–5 EL Zuckersirup

1 Handvoll zerstoßenes Eis

4 frische Zitronenmelisse-
oder Minzeblätter

### Zeitbedarf
- 20 Minuten +
  2–12 Stunden kühlen

### So geht's

1. Die Kräuterblätter in einer Kanne mit knapp
   1 l kochendem Wasser überbrühen. 10 Minuten
   ziehen lassen, dann in ein Sieb abgießen. Abkühlen lassen, anschließend kalt stellen (am
   besten schon am Vortag zubereiten).

2. Die Johannisbeeren waschen und abtropfen lassen. 4 schöne Rispen für die Verzierung beiseitelegen. Die übrigen Beeren von den Rispen
   zupfen. Im Mixer oder mit dem Pürierstab sehr
   fein pürieren und in ein Sieb füllen. Den Saft zuerst abtropfen lassen, dann den Rest mit einem
   Suppenlöffel gut ausdrücken.

3. Den Beerensaft und den Tee mit dem Zuckersirup nach Geschmack süßen. Das zerstoßene Eis
   auf 4 hohe Gläser verteilen. Zuerst den Saft darübergießen, dann mit dem kalten Tee auffüllen.
   Mit je 1 Rispe und 1 Kräuterblatt garnieren und
   sofort servieren.

### Die Variante

**Kir spezial**
Den Johannisbeersaft
wie im Rezept be-
schrieben zubereiten
und kräftig süßen. Auf
4 große Weingläser
verteilen. Je 1 kleinen
Spritzer Campari da-
zugießen und mit je
150 ml gut gekühltem
Champagner oder
Cremant auffüllen.
Für eine weniger per-
lende Variante kann
der Schaumwein auch
durch einen leichten
Weißwein ersetzt
werden, dann nur je
100 ml gut gekühlten
Wein in die Gläser ver-
teilen und noch mit
wenig Mineralwasser
aufgießen.

# ANANAS FROSTY
## *mit Chili*

FROSTIES GIBT ES IN JEDER THAILÄNDISCHEN BAR. TAGSÜBER BEKOMMT MAN SIE FRISCH GEMIXT UND ALKOHOLFREI BEI STRASSENHÄNDLERN.

### Zutaten für 1 Glas à 300 ml

2 EL brauner grober Zucker

1 kleines Stück getrocknete Chilischote

1 Stück frische Ananas (ca. 300 g)

3 EL grob zerstoßenes Eis

1 Kugel Zitronen- oder Vanilleeis

1 Prise gem. Zitronengras

2–3 EL Zuckersirup (siehe Seite 67)

evtl. etwas gekühltes Mineralwasser

### Zeitbedarf
▪ 15 Minuten

### So geht's

1. Den Zucker mit dem Chilischotenstückchen in einem kleinen Mörser zerstoßen, vermischen und beiseitestellen.

2. Von der Ananas eine dünne Scheibe für die Verzierung abschneiden, halbieren und für die Garnitur vorbereiten [→a]. Die übrige Ananas schälen, vierteln und den festen Strunk herausschneiden. Das Fruchtfleisch grob würfeln.

3. In einem Mixer die Ananasstücke, das zerkleinerte Eis und das Zitronen-oder Vanilleeis kräftig durchmixen, bis ein sämiger Drink mit kleinen Eisstückchen entstanden ist. Je nach Eissorte und Süße der Ananas noch mit Zuckersirup abschmecken, mit Zitronengras würzen und eventuell noch mit ein wenig Mineralwasser verdünnen.

4. Den Drink noch mal kurz durchmixen und in ein hohes Glas füllen. Die Oberfläche mit wenig Chilizucker bestreuen und die Ananashälfte über den Glasrand setzen. Den Frosty sofort mit einem dicken Trinkhalm servieren

**SO SCHMECKT'S AUCH** Zum Schluss 2 cl weißen Rum oder Kokoslikör mitmixen. In diesem Fall aber ein Eis auf Wasserbasis (z. B. Zitronen- oder Orangensorbet) verwenden. Statt Ananas kann man auch 150 g gemischte Früchte (z. B. Mango, Ananas und Banane oder Erdbeeren und Wassermelone) verwenden und evtl. mit 2 cl Gin oder Grenadine parfümieren.

## DAS IST *wirklich* WICHTIG

....................................................

**[a] DIE ANANASSCHEIBE** für die Deko halbieren und den festen Innenteil keilförmig herausschneiden. Die Hälften dann fast bis zum Rand einschneiden und für die Garnitur beiseitestellen.

# MINZ-SCHERBET
*kleines feines Dessert*

DIE KOMBINATION VON EIS UND GETRÄNK HAT BESONDEREN CHARME: EIN IDEALER SOMMERDRINK, DER GUT AUCH MAL EIN MENÜ ABSCHLIESSEN KANN.

## Zutaten für 4 Portionen

1 kleines Bund Minze

½ l grob zerstoßenes Eis

3 – 4 EL Zuckersirup oder Minzesirup (siehe Seite 67)

etwas Zitronensaft

4 Kugeln Zitronensorbet (fertig gekauft)

## Zeitbedarf
- 10 Minuten

## So geht's

1. Die Minze waschen, trocken schütteln und die Blättchen von den Stängeln zupfen. 4 schöne Blätter für die Dekoration beiseitestellen. 1 gute Handvoll der Blätter in den Mixer geben. Die übrige Minze für einen Tee oder zum Würzen aufbewahren.

2. Das zerstoßene Eis zur Minze in den Mixer geben. Gut durchmixen, den Sirup dazugeben, noch mal mixen, dann mit Sirup und Zitronensaft abschmecken.

3. Das Zitronensorbet in 4 hohe Eisbecher füllen. Den Minz-Extrakt durch ein Sieb darübergießen. Mit den Minzeblättchen garnieren und mit einem Strohhalm und einem Eislöffel sofort servieren.

## Die Variante

### Zitronen-Scherbet
Für 4 Portionen 1 Zitrone auspressen und den Saft mit 2 EL Puderzucker glatt rühren. 4 große Kugeln Zitroneneis auf 4 Weingläser oder Eisbecher verteilen. Mit gut gekühltem Sekt oder Prosecco auffüllen (Vorsicht, das kann sehr schäumen!). Die Zitronensauce über das Eis träufeln und mit 1 Blatt Zitronenmelisse oder Minze garnieren. Für eine alkoholische Variante kann die Zitronensauce auch durch 1 EL Zitronenlikör (Limoncello) pro Portion ersetzt werden.

SO SCHMECKT'S AUCH Für eine alkoholische Variante kann man auch einen Schuss Minz-Likör dazugeben.

# REGISTER

# THEMENREGISTER

# LASSEN SIE SICH VERFÜHREN!

*Willkommen zu einer ganz neuen Frischeküche mit den* **KOSMOS** *Kochbüchern.*

Rose Marie Donhauser
**Draußen genießen**
160 Seiten, 120 Abbildungen, €/D 19,95
ISBN 978-3-440-12588-5

Ob gemütlicher Brunch auf dem Balkon, Picknick im Grünen, Grillparty oder Sommerfest mit Freunden im Garten – es finden sich viele Anlässe, unter freiem Himmel zu schlemmen. Für alle Gelegenheiten hat Rose Marie Donhauser in ihrem Buch „Draußen genießen" die geeigneten kulinarischen Begleiter zusammengestellt. Alle Rezepte sind unkompliziert, gut vorzubereiten und immer stehen erntefrische Zutaten vom Wochenmarkt oder aus dem eigenen Garten im Mittelpunkt. Zusätzliche Tipps und Tricks für die Planung und Vorbereitung sorgen dafür, dass dem entspannten Genuss mit Familie und Freunden nichts im Wege steht.

# AKTEURE

**Regine Stroner** ist freie Food-Journalistin und Autorin, die bereits einige erfolgreiche Koch- und Backbücher veröffentlicht hat (bei KOSMOS sind „Selbst gemacht & mitgebracht", „Geschenke aus der Sommerküche" und „Bald ist Weihnachten" erschienen). Nach dem Studium der Haushalts- und Kommunikationswissenschaften arbeitete sie einige Jahre als Redakteurin bei einer großen Frauenzeitschrift. Sie lebt mit ihren 3 Kindern und ihrem Mann, einem Sternekoch, mit dem zusammen sie einen traditionsreichen Landgasthof führt, in Hohenlohe. Ihr kulinarisches Know-how gibt sie auch regelmäßig in Koch- und Backkursen und Workshops weiter.

**Alexander Walter** ist seit über 20 Jahren selbstständiger Fotograf. Im Auftrag renommierter Verlage und internationaler Agenturen arbeitet er dabei vor allem in den Bereichen Food, Still Life, People und Reportage. Der leidenschaftliche Hobbykoch war bei über 40 Kochbüchern für die optische Umsetzung verantwortlich. Mit seiner Familie lebt und arbeitet er mitten im Grünen, im schönsten bayerischen Oberland.

**Sven Dittmann** hat die Gerichte für dieses Buch verführerisch in Szene gesetzt. Der gelernte Koch, der 11 Jahre lang in renommierten Restaurants gearbeitet hat, ist seit 2006 als freiberuflicher Foodstylist für Verlage und Werbeagenturen tätig.

**Monica Liebetanz,** diplomierte Modedesignerin, hat ihr Gespür für Gestaltung vom Bereich Mode auf Food, Home & Interior erweitert. So arrangiert sie für Fotoproduktionen seit vielen Jahren schöne Dinge miteinander.

**Maria Gilg** unterstützte das Fototeam immer gut gelaunt mit viel Sorgfalt und kreativen Ideen bei der Produktion.

# IMPRESSUM

Mit 102 Farbfotos von Alexander Walter

Umschlaggestaltung von Gramisci Editorialdesign, München, unter Verwendung eines Fotos von Alexander Walter

Unser gesamtes lieferbares Programm und viele weitere Informationen zu unseren Büchern, Spielen, Experimentierkästen, DVDs, Autoren und Aktivitäten finden Sie unter **kosmos.de**

Rezepte, Geling-Tipps, Infos zum KOSMOS-Kochbuch-Programm und vieles mehr unter **kosmos.de/gut-gekocht**

Gedruckt auf chlorfrei gebleichtem Papier

© 2012, Franckh-Kosmos Verlags-GmbH & Co. KG, Stuttgart
Alle Rechte vorbehalten

ISBN 978-3-440-13018-6

Projektleitung und Redaktion:
Dr. Eva Eckstein
Gestaltungskonzept und Layout:
Gramisci Editorialdesign, München
Satz: Cordula Schaaf, Grafik-Design, München
Produktion: Eva Schmidt
Printed in Germany / Imprimé en Allemagne

MIX
Papier aus verantwortungsvollen Quellen
FSC® C004592